Heike Regine Bausch

Ich möchte, dass einer an mich glaubt

Heike Regine Bausch

Ich möchte, dass einer an mich glaubt

Frage-Antwort-Spiel des Lebens und des Glaubens im Religionsunterricht der Oberstufe

Fromm Verlag

Impressum/Imprint (nur für Deutschland/ only for Germany)
Bibliografische Information der Deutschen Nationalbibliothek: Die Deutsche Nationalbibliothek verzeichnet diese Publikation in der Deutschen Nationalbibliografie; detaillierte bibliografische Daten sind im Internet über http://dnb.d-nb.de abrufbar.

Contact:
International Book Market Service Ltd., 17 Rue Meldrum, Beau Bassin, 1713-01 Mauritius
Website: www.bookmarketservice.com
Email: info@bookmarketservice.com

Gedruckt in: USA, UK, Deutschland. Dieses Buch wurde nicht in Mauritius produziert.

Imprint (only for USA, GB)
Bibliographic information published by the Deutsche Nationalbibliothek: The Deutsche Nationalbibliothek lists this publication in the Deutsche Nationalbibliografie; detailed bibliographic data are available in the Internet at http://dnb.d-nb.de.

Contact:
International Book Market Service Ltd., 17 Rue Meldrum, Beau Bassin, 1713-01 Mauritius
Website: www.bookmarketservice.com
Email: info@bookmarketservice.com

Printed in: U.S.A., U.K., Germany. This book was not produced in Mauritius.

ISBN: 978-3-8416-0316-6

Inhalt

Heike Regine Bausch

Ich möchte, dass einer an mich glaubt!

Frage-Antwort-Spiel des Lebens und des Glaubens im Religionsunterricht der Oberstufe

Für Jürgen

Vorwort

Als ich im August 2012 meine Arbeit als Schulpfarrerin an einem Beruflichen Schulzentrum begann und überwiegend in der Oberstufe des Beruflichen Gymnasiums das Fach Evangelische Religion unterrichtete, stand zunächst einmal die Suche nach Unterrichtsmaterial auf meinem Programm. Möglichst anschaulich sollte es sein! Gerne arbeite ich mit Bildern aus alter und zeitgenössischer Kunst. Meine in vielen Jahren für den Konfirmandenunterricht und den Gebrauch in Gottesdiensten gewachsene Sammlung war in dieser Hinsicht eine gute Fundgrube.

Was mir fehlte, waren kurze Texte, die auf einen Blick die Grundlagen unseres christlichen Glaubens bündeln. Möglichst ein Thema auf einer Seite! Das Arbeitsheft „Jesus Christus" (v. G. Büttner, H. Roose u. F. Spaeth aus dem Calwer Verlag) brachte mich auf die Idee, diese Texte selbst zu schreiben und sie – wie dort – den großen christlichen Festen unseres Kirchenjahres zuzuordnen. So entstand das Manuskript zu diesem Buch.

Einen Teil der Texte habe ich sowohl im Abschlusskurs einer 13. Klasse kurz vor dem Abitur als auch in einem Grundkurs in der 12. Jahrgangsstufe mit dem Thema „Jesus Christus nachfolgen" ausprobiert. Meine Idee, weiter eigene Texte zu schreiben, wurde durch die Motivation der Schülerinnen und Schüler unterstützt, diese Texte zu lesen – wenn auch vielleicht zunächst nur wegen ihrer Kürze! Offensichtlich aber ist es einfacher, das zu vermitteln, was im eigenen Denken verwurzelt ist. Spannende Unterrichtsgespräche im Anschluss an die Lektüre zeigten mir, dass die Verknüpfung zwischen gelehrter, zu lernender und gelebter Religion gelungen war.

Deshalb habe ich an der Idee, die Inhalte des Kurrikulums für den Religionsunterricht in der Oberstufe mit den Botschaften der christlichen Feste im Ablauf eines Jahres zu vermitteln, weiter gearbeitet und mit Sachverhalten gefüllt, die aufgrund meiner Erfahrungen in Schule und Gemeinde, im Unterricht und in der Predigt die Grundlage unserer christlichen Existenz sind.

Der rote Faden meines Buches für den Religionsunterricht (aber nicht nur dafür), ist der Wunsch, den ein ehemaliger Konfirmand in einem Kurs über das Glaubensbekenntnis so formulierte: „Ich möchte, dass einer an mich glaubt!" Für mich ist dieses Anliegen eines jungen Menschen Ausgangs- und Zielpunkt meiner Rede von Gott und von Jesus Christus im Klassenzimmer und auf der Kanzel. Dabei leitet mich Paul Tillichs Methode der Korrelation, die das Leben und Fragen der Menschen mit der Theologie verbindet und nur in diesem Aufeinander-Bezogensein den Sinn aller Theologie begründet.

Mein Dank gilt allen ehemaligen Konfirmandinnen und Konfirmanden, allen Schülerinnen und Schülern, die mein Reden von Gott und Jesus Christus einem immerwährenden Prozess der kritischen Reflexion unterworfen haben. Mein Dank gilt den Hörerinnen und Hörern meiner Predigten. Mit ihren Reaktionen begleiten sie meine Auseinandersetzung mit dem Alten und dem Neuen Testament und mit den Traditionen unserer evangelischen Kirche. Ich danke meiner 91-jährigen Tante, Gisela Vogel. Sie hat mir in einer lebenslangen Begleitung die Aufmerksamkeit für eine frauenfreundliche Bibellektüre geschenkt. Ich danke meinem Weggefährten seit Studienzeiten, Pfarrer Bernd Laukel. Er hat in Gesprächen und mit Korrekturlesen mein Buchprojekt unterstützt. Ich danke der Autorenbetreuerin Claudia Kaiser, die mich immer wieder ermutigt hat, mein Konzept zu veröffentlichen!

Ich danke meinem Mann. Er hat mir den Zugang zu den großen Werken der christlichen Kunst auf vielen Reisen nach Florenz und Venedig erschlossen und mir dadurch eine besondere Interpretationsmöglichkeit biblischer Texte eröffnet. Ihm widme ich deshalb dieses Buch.

Salmünster, im Mai 2012

Einleitung

Was ist Religion?

Das Wort Religion (*lat. religio = Rückbindung)* fragt mich nach dem Haltepunkt in meinem Leben. Christinnen und Christen sagen, sie finden diesen Haltpunkt in ihrem Gottvertrauen. Paul Tillich, ein bedeutender evangelischer Theologe des 20. Jahrhunderts, nennt Gott den Grund unseres Seins. Diese Aussage lenkt meinen Blick auf den Ursprung meines Lebens. Zugleich macht sie mich aufmerksam auf den Boden, auf dem ich stehe.

Woher komme ich? Wo gehe ich hin? Ist Gott die Quelle des Mutes und der Kraft auf diesem Weg? Ist Gott meine Rückbindung?

Was wir erleben und erleiden, fragt uns nach dem Grund unseres Seins. Darauf antwortet die christliche Botschaft.[1] Inhalt der Verkündigung im Religionsunterricht und der Verkündigung auf der Kanzel sind die Fragen des Lebens und die Antworten der Theologie. Wir begegnen ihnen im Rhythmus des Kirchenjahres. Die großen christlichen Feste innerhalb eines Jahres binden uns ein in das Frage-Antwort-Spiel des Lebens und des Glaubens.

---

[1] Vgl. P. Tillich, Systematische Theologie, Bd. 1, S. 73ff

Advent – die Ankündigung der Geburt des Christus …

… antwortet auf die existenzielle Frage nach der Struktur meines Lebens. Wie bin ich innerlich aufgestellt? Worauf richte ich meinen Blick?

Textbezüge:
Matthäus 21,1-11 / Markus 11,1-10 / Lukas 19,28-40 / Johannes 12,12-16 und Lukas 1,26-38

Das ganze Leben ist eine Zeit der Erwartung, es ist immer auf Zukunft hin ausgerichtet. Das ist die erste Botschaft des Advents.

Deswegen ist die Adventszeit eine Zeit des Nachdenkens. In unserer Kirche zählt sie zu den Buß- und Fastenzeiten – nicht so sehr in dem Sinne, dass wir eine Liste unserer kleinen und großen Sünden anfertigen müssten, um sie vor Gott und den Menschen wieder gutzumachen. Nein, das nicht. Die Adventszeit führt mich zu den wichtigsten Fragen meines Lebens. Woran hängt mein Herz? Welche Wahrheit hält es verborgen? Welche Klarheit sucht mein Herz? Am Heiligen Abend wird die Botschaft lauten: „Und die Klarheit des Herrn leuchtete um sie." (Lk 2,9)

Wo finde ich diese Klarheit Gottes, die von seinem Wohnort hinein- oder hinunterscheint in unser Leben, um die Knoten zu lösen, die uns davon abhalten, entlastet und innerlich frei zu sein? Ich finde die Klarheit Gottes in den Worten der Bibel, in den Liedern, in den Gebeten und in den Tönen der Musik. Sie nehmen meine Fragen nach der Wahrheit und nach der Klarheit meines Lebens auf. Sie verbinden mich mit allen, die genauso fragen wie ich, und sie geben mir Anteil an den Antworten, die andere Menschen gefunden haben. Menschen, die mir im Glauben vorangegangen sind.

Einer von ihnen ist Jochen Klepper (1903-1942). Er zählt für mich zu den großen Predigern unseres Gesangbuchs.[2] „Die Nacht ist vorgedrungen, der Tag ist nicht mehr fern." (EG 16,1). Bei der Suche nach der Wahrheit und der Klarheit seines Lebens unterstützten ihn die Worte der Bibel. „Die Nacht ist vorgerückt, der Tag aber nahe herbeigekommen. So lasst uns nun ablegen die Werke der Finsternis und anlegen die Waffen des Lichts." (Röm 13,12). Als Jochen Klepper die verwitwete Jüdin Johanna Stein heiratete, wendete sich seine antisemitisch eingestellte Familie von ihm ab. Als Schriftsteller und Journalist fand er keine Arbeit. Seiner Frau und ihren beiden Töchtern drohte die Deportation in ein Konzentrationslager. In die Verzweiflung hinein formte Jochen Klepper Worte aus dem Römerbrief zu seinem Lied. „Die Nacht ist vorgedrungen, der Tag ist nicht mehr fern." (EG 16,1). Worte voller Hoffnung, Worte voller Ruhe und Gelassenheit. Worte, die von Gottes Nähe erzählen.

Im Himmel, wo er es sich gemütlich machen könnte, – da wohnt Gott nicht. „Gott will im Dunkel wohnen ..." (EG 16,5). Wieder sind es die Worte der Bibel, die Jochen Klepper den Wohnort Gottes auf der Erde glauben ließen:

---

[2] Zum Leben Jochen Kleppers vgl. Komponisten und Liederdichter des Evangelischen Gesangbuchs, S. 177f

Als die Israeliten ihren ersten Tempel in Jerusalem fertiggebaut hatten, hielt König Salomo eine Rede: „Die Sonne hat der Herr an den Himmel gestellt; er hat ... gesagt, er wolle im Dunkel wohnen. So habe ich nun ein Haus gebaut, dir zur Wohnung ..." (1. Kön 8,12). Gott wohnt also in einer Kirche, sagte der König im Ersten Testament unserer Bibel! Die Menschen damals hatten wie wir das Gefühl, Gott in einem Haus, das seinen Namen trägt, nahe zu sein. Das passt ja dann auch dazu, dass wir in einer Kirche aufatmen, zur Ruhe kommen und Gelassenheit mit hinausnehmen in unseren Alltag.

Aber unsere Gelassenheit reicht nicht weit genug. Sie reicht nur, wenn Gott sich die Mühe macht, uns nachzugehen. Jochen Klepper suchte nach dem begleitenden Gott. Nach dem Gott, der mit dem Volk Israel durch die Wogen des Meeres und durch die Wüste zog, es schützte in der Hitze des Tages und in der Kälte und Dunkelheit der Nacht. Die Vorstellung, Gott wolle im Dunkel der Verzweiflung wohnen, trug Jochen Klepper und stärkte ihn. Er dachte die Einweihungsrede des Königs Salomo weiter und erklärte jede dunkle Ecke in der Welt zu Gottes Haus.

Jochen Klepper schaute zum Himmel hinauf. Die wandernden Sterne wurden ihm zum Symbol für den unten auf der Erde mit uns mitziehenden Gott. Es ist ein kleines Glaubensbekenntnis, das uns sein Lied entgegen singt. „Doch wandert nun mit allen der Stern der Gotteshuld." (EG 16,4). In diesem Vertrauen ging Jochen Klepper weiter in der Dunkelheit seiner Zeit. In der Dunkelheit seiner Furcht. Während die ältere Tochter Brigitte nach Schweden emigrieren konnte, wurde der jüngeren Tochter Renate die Ausreise aus Deutschland verweigert. Mit ihr zusammen nahmen sich Jochen Klepper und seine Frau in der Nacht vom 10. auf den 11. Dezember 1942 das Leben. „Dem alle Engel dienen, wird nun ein Kind und Knecht. Gott selber ist erschienen zur Sühne für sein Recht." (EG 16,2).

Das unterscheidet uns von dem großen Prediger unseres Gesangbuchs. Wir erwarten, dass Gott uns etwas abgibt von seiner Ruhe und Gelassenheit und von seinem Licht – sie uns in den Schoß legt. Anders als Jochen Klepper vergessen wir, innezuhalten und Gott unsere Tür zu öffnen – nicht die der Kirche oder die der Geschäfte, sondern die unseres Herzens.

Die Symbole der Buß- und Fasten- und Nachdenkzeit des Advents sind der Schlüssel dazu. Die Kerze, die Ruhe strahlt. Der grüne Tannenzweig, der Hoffnung atmet und mich nachdenken lässt, woran mein Herz tatsächlich hängt. Stehenbleiben und schauen muss ich selbst – vielleicht auch zum Himmel hinauf, um den mitziehenden Gott in den wandernden Sternen zu ahnen und zu mir auf die Erde zu holen.

Die Suche nach der Wahrheit und Klarheit über mich und mein Leben beginnt bei mir selbst. Welche Struktur bestimmt mein Leben? Wie bin ich innerlich aufgestellt? „Gott wohnt, wo man ihn einlässt!" So beantwortet der jüdische Religionsphilosoph Martin Buber in seinen Erzählungen der Chassidim die Frage nach dem Wohnort Gottes. Auf der Suche nach ihm führt uns die Buß- und Fasten- und Nachdenkzeit des Advents zur Erkenntnis (Selbsterkenntnis) darüber, an welcher Stelle unseres Lebens wir die Klarheit des Herrn am meisten brauchen. Es geht um die Stelle in uns, die darüber entscheidet, ob wir nach Luft schnappend oder mit einem langen Atem durch die Tage gehen; ob wir stolpernd oder festen Schrittes die Straße des Daseins betreten.

„Macht euch zum Stalle auf!“ (EG 16,3). Jochen Klepper schickt uns auf den Weg zum Stall. Dorthin, wo nicht nur der Atem der Tiere die Menschen wärmt, sondern wo es auch stinkt, weil sich der Mist des Lebens angesammelt hat. Der Stall – das ist die dunkelste Ecke unseres Lebens. Dort findet Gott sein Zuhause, wenn wir ihn einlassen. Nicht, dass dann alles wieder gut wird. „Noch manche Nacht wird fallen auf Menschenleid und -schuld.“ (EG 16,4). Auch auf mich. Aber weil Gott bei mir zu Hause ist, habe ich den Mut, ganz genau dorthin zu schauen, wo es bei mir am dunkelsten ist. Das ist Buße, Selbsterkenntnis, und wenn es sich fügt, auch Umkehr und Neubesinnung.

Der Knoten in meinem Kopf, dass ich zum Beispiel nicht alles schaffe bis zum Fest, der löst sich wie von selbst auf, wenn ich über die Dunkelheit nachdenke, die über Jochen Klepper und seiner Familie lag. Diese Erkenntnis nehme ich mit aus der Botschaft dieses Menschen, der mir im Glauben vorangegangen ist und nach dem Wohnort Gottes suchte: dass meine Dunkelheit manchmal doch eher selbst gemacht ist.

Wie ich das alles schaffen soll bis Weihnachten – mit den Geschenken und dem Essen und dem Hausputz? Was ist das für eine Frage im Vergleich zu der Frage nach dem Wohnort Gottes, auf die Jochen Klepper eine Antwort suchte, wenige Tage vor dem Weihnachtsfest 1937? Die Hektik, über die wir alle Jahre wieder in der Adventszeit klagen, machen wir uns selbst. Da wohnt Gott sicher nicht! Ob ich alles geschafft habe, das ist ihm ziemlich egal! Aber die dunklen Ecken in der Welt und in den Herzen der Menschen, die sind Gott nicht egal. Dort wohnt er, wenn ich es will.

Bleibt noch die Frage, warum Gott die Dunkelheit in der Welt zulässt, die zum Beispiel, die Jochen Klepper und seine Familie und all' die anderen in dieser Zeit begleitete. Es gibt keine Antwort auf diese Frage. Ich beantworte sie für mich mit einer Gegenfrage: Könnten wir die dunklen Ecken unseres Lebens überhaupt aushalten – ohne Gott, der auf der Erde wohnt und uns nachgeht?

Weihnachten – die Botschaft der Christgeburt …

… antwortet auf die existenzielle Frage danach, wie weit die Zukunft reicht.

Textbezug:
Lukas 2,1-20

„Uns ist ein Kind geboren!“ (Jes 7,14 / Mt 1,23) – diese Botschaft nimmt uns hinein in die Christusgeschichte. Wir sind geboren wie er. Dem Wunder des Anfangs mit unserer Geburt entsprechen wir dadurch, dass wir immer wieder Anfänger sind und Neues in Bewegung setzen. Stillstand ist Rückgang! Ein über achtzig Jahre alter Mann unterstützte mit diesem Ratschlag meine innovativen Ideen in meiner ersten Gemeinde, als ich eine ganz junge Pfarrerin war. Ich habe diesen Satz aus seinem Mund nie vergessen und den alten Mann mit seiner Weisheit auch nicht.

„Uns ist ein Kind geboren!“ – diese Botschaft rührt Menschen zu Tränen am Heiligen Abend, weil sie mit ihnen ganz weit zurückgeht. Sie geht zurück an einen Anfang. Sie erinnert an Kinderweihnachten, an die Geborgenheit von früher, als alle die noch da waren, die heute nicht mehr leben. Die Tränen am Heiligen Abend sind Tränen der Sehnsucht.

Zum Beispiel:

Die Tränen der Oma, die sie sich nach den „Dieses-Jahr-sind-wir-verreist-Telefonaten“ mit ihren Kindern aus den Augenwinkeln wischt, sind Tränen der Sehnsucht nach dem Weihnachten von früher, als sie alle ihre Liebe ihren Kindern schenkte und deren Liebe geschenkt bekam. Tränen der Sehnsucht, bei denen willkommen zu sein, die ihr stets willkommen waren.[3]

Zwei andere Beispiele:

Max und Moritz und der Struwwelpeter, die Jungen mit der Spaßgesellschafts-Theorie im Kopf (Erlaubt ist, was gefällt!) sollen in einem – frei erfundenen – Weihnachtsspiel aus der Kirche geschickt werden. Zu Weihnachten gilt: „Wenn die Kinder artig sind, kommt zu ihnen das Christkind.“ Sonst nicht.

„Euch ist heute der Heiland geboren!“ – „Dir ist heute der Heiland geboren!“ Das Leben in der Krippe schickt die Menschen an einen neuen Anfang. Es schickt sie dorthin, wo es noch einmal von vorne beginnt. Zu spät, weil bei solchen wie Max und Moritz und dem Struwwelpeter „Hopfen und Malz verloren sind“? Zu alt, weil bei denen in Omas Alter die längste Zeit ihres Lebens hinter ihnen liegt?

Die Weihnachtsbotschaft sagt: „Das Leben eines jeden Menschen kann neu geboren werden!“ Das Leben von Oma. Das von Max und Moritz und vom Struwwelpeter und von allen, die sind wie Max und Moritz und wie der Struwwelpeter.

Das Weihnachtswunder besteht darin, das eigene Leben als ein Geschenk zu betrachten. Neu und unverbraucht wie das in der Krippe. Mein Leben ist das allererste, was ich geschenkt bekommen habe. Das in Tücher gehüllte Neugeborene trägt diese Botschaft in die Tiefe der Seelen derer, die es

[3] Vgl. H. Scheibner, Wer nimmt Oma? Hörbuch

staunend betrachten. Die krumm geschafften Leute vom Feld. Die Oma mit dem Rucksack voller Lebenslust und Lebensleid. Die jungen Leute auf der Suche nach der Spaßgesellschaft. Das Wunder bin ich![4] Das Wunder ist jeder Mann und jede Frau mit der jeweils individuellen Lebensgeschichte im Gepäck.

An dieses Wunder knüpft die Weihnachtsbotschaft an: „Dir ist heute der Heiland geboren!" Ich stelle mir vor, wie es sich anfühlt, wenn Mütter und Väter mit dieser Botschaft im Herzen das Leben ihrer Söhne und Töchter begleiten, mit dem Staunen, das in diesen Worten mitschwingt und das der Daseinsfreude alle Türen öffnet. Ich stelle mir vor, wie diese Söhne und Töchter innerlich gestärkt mit den Jahren des Wachsens im Denken, im Tun und im Lassen, im Reden und im Forschen Verantwortung für sich selbst übernehmen und ahnen, dass es im Leben nicht nur um Spaß haben und Spaß machen geht. Eine Max-und-Moritz-Karriere à la Wilhelm Busch oder eine Struwwelpeter-Laufbahn à la Dr. Heinrich Hoffmann bleibt denen am ehesten erspart, an die einer glaubt. Das ist der Anfang.

Menschen entdecken das Wunder des Lebens neu, wenn sie zu Weihnachten mit dem Blick auf die Krippe zurück auf den Anfang ihres eigenen Lebens schauen und sich daran erinnern lassen, dass auch sie einst geboren wurden. Von Oma.

Menschen entdecken das Wunder des Lebens neu, wenn sie sich zu Weihnachten mit dem Blick auf die Krippe daran erinnern lassen, dass ihre Maxe und ihre Moritze und ihre Struwwelpeter einmal die Neugeborenen waren, die sie staunend betrachteten!

Dass nichts schiefgehen wird? Nur Lebenslust und niemals Lebenslast und Lebensleid? Das verspricht die Weihnachtsbotschaft nicht. Aber die Weihnachtsbotschaft verwandelt die Sehnsucht über das, was unwiederbringlich verloren ist, in die Freude darüber, auf der Welt zu sein. Für dieses Wunder ist es nie zu spät und wir sind nie zu alt dafür. Das Ich, sagt die jüdische Philosophin Hanna Arendt in Anlehnung an Martin Heidegger, altert nicht.[5] Wir sind ein Leben lang Geborene![6]

Die Eltern und das pubertierende Kind

Textbezug:
Lukas 2,41-52

Kindererziehung in der Bibel? Jesus ist zwölf Jahre alt und die Abgrenzung von der Erwachsenenwelt beginnt! „Misch dich nicht in mein Leben ein!" „Ich weiß selbst, was für mich gut ist!" „Ich bin schließlich alt genug!" „Mama, du hast in einer anderen Zeit gelebt!"

Zum Glück hatte der Evangelist Lukas Interesse an dem pubertierenden 12-jährigen Jesus. Den anderen Evangelisten war diese Lebensphase des göttlichen Kindes nicht so wichtig – vielleicht war

---

[4] E. Moltmann-Wendel, Der auf der Erde tanzt, S. 15ff

[5] H. Arendt, Denken ohne Geländer, S. 64 / zitiert bei M. Mitscherlich, Die Radikalität des Alters, S. 159

[6] E. Moltmann-Wendel, Der auf der Erde tanzt, S. 13-32

ihnen Jesus da noch nicht heilig genug. Was hätte ein 12-Jähriger auch den Erwachsenen mitzuteilen gehabt? Das Predigen und die Vortragstätigkeit, die Konfliktberatung für die Menschen begannen erst später. 28 Jahre alt war Jesus, als er mit seinen Mitarbeiterinnen und Mitarbeitern in dieser Mission durch die Städte und Dörfer Galiläas zog. Die Kindheitsgeschichten blieben in der Erinnerung der Leute dahinter zurück – außer bei Lukas! Er ist der Einzige unter den vier Evangelisten, der uns hineinschauen lässt in das prägende Elternhaus des jungen Jesus.

Wozu erzählt Lukas uns diese Geschichte vom 12-jährigen Jesus? Vor langer Zeit hat mich die Frage eines Schülers in der 7. Klasse auf die Spur zu einer Antwort auf diese Frage gebracht. Natürlich will Lukas mitteilen, dass Jesus immer schon anders als die anderen war. Göttlich eben und mit besonderen Gaben ausgestattet. Dazu hätte aber auch eine kleine Randnotiz genügt. Indem Lukas die Geschichte vom 12-jährigen Jesus so ausführlich erzählt, lädt er die Hörerinnen und Hörer dazu ein, sich mit den Hauptpersonen zu identifizieren. Genau das ist sofort bei jenem Schüler in der 7. Klasse passiert, als er die Geschichte aus dem Lukasevangelium gehört hatte.

„Hat Jesus eigentlich auch solche Kinderkrankheiten gehabt wie wir – Windpocken zum Beispiel?" Das war seine Frage. Es interessierte den Jungen nicht, was Jesus mit den Lehrern im Tempel geredet hatte, weil ihn ja auch sonst in seinem Alltag das am allerwenigsten interessierte, was die Lehrerinnen und Lehrer zu sagen hatten. Das war nicht sein Thema. Und was die Sorgen der Eltern betraf, reagierte er genauso verständnislos wie sein 12-jähriger Altersgenosse aus Nazareth.

Der Junge aus der 7. Klasse wollte etwas anderes wissen. Er wollte herausbekommen, ob er etwas mit Jesus zu tun hat. Und umgekehrt wollte er herausbekommen, ob Jesus etwas mit ihm zu tun hat. Noch genauer, ob Jesus überhaupt etwas mit ihm zu tun haben will. Ausgerechnet mit ihm, der mit seinem Benehmen in der Klasse alles dafür tat, dass zumindest die Lehrerinnen und Lehrer mit ihm am liebsten nichts tun gehabt hätten! Der fragt: „Hat Jesus eigentlich auch solche Kinderkrankheiten gehabt wie wir – Windpocken zum Beispiel?"

Natürlich konnte ich ihm nicht genau sagen, ob Jesus Windpocken hatte oder nicht. Ich konnte ihm etwas erzählen von meiner Fantasie darüber, dass es im Hause Josephs und Marias genauso zuging wie in vielen Familien bis auf den heutigen Tag. Das lässt die Geschichte vom 12-jährigen Jesus ahnen.

Es waren mindestens sieben Kinder, die die Füße unter Josephs und Marias Tisch stellten. Das immerhin verrät uns der Evangelist Markus an einer Stelle in seinem Evangelium (Mk 6,3). Da gab es die Brüder Jakobus und Joseph, Simon und Judas und die Schwestern Jesu, die Markus wegen der untergeordneten Rolle der Mädchen nicht mit Namen nennt. Zwei aber müssen es ja wohl gewesen sein. Sonst hätte er nicht von Schwestern sprechen können.

Sieben Kinder – da war etwas los in der Hütte! Der besagte Schüler in der 7. Klasse war begeistert! Die Vorstellung von der über die von Joseph frisch gezimmerten Tische und Bänke springenden Geschwisterschar fand er äußerst anregend! Die Information über den Kinderreichtum im Zimmermannshaushalt in Nazareth weckte auch das Interesse seiner Mitschülerinnen und Mitschüler, die sich Jesus immer als ein Einzelkind mit Heiligenschein vorgestellt hatten. So wie ich mir ihn als Kind übrigens auch dachte – in einer Zeit, in der man im kirchlichen Unterricht die Heilige Familie mit einem Mantel des makellosen Perfektionismus umhüllte und sie damit in eine unerreichbare Ferne rückte.

Ich erinnere mich noch genau an die staunende Ehrfurcht, die ich empfand, wenn wir als Kinder zu Weihnachten die Krippenfiguren in unserem Weihnachtszimmer anfassen durften. Dass die Personen, die sie darstellen, zu ihren Lebzeiten gedacht und gefühlt haben könnten wie ich – das kam mir nie in den Sinn. Diese heiligen Figuren waren immer anders, heiliger als ich, besser, gehorsamer. So etwas ganz Normales wie Kinderkrankheiten habe ich mit Jesus nicht in Verbindung gebracht. Diese Frage ist mir wirklich zum ersten Mal in jener 7. Klasse begegnet.

„Hat Jesus eigentlich auch solche Kinderkrankheiten gehabt wie wir – Windpocken zum Beispiel?" Der Junge, der so fragte, holte mit diesen wenigen Worten Jesus ganz in seine Nähe, in die Nähe seiner Mitschülerinnen und Mitschüler und in meine Nähe auch. Auf einmal waren wir mittendrin in der Heiligen Familie, und die Heilige Familie war mitten unter uns. Vor allen Dingen der 12-Jährige, der anfing, seine eigenen Wege zu gehen.

Zum ersten Mal durfte er, der Älteste unter den Geschwistern, mit nach Jerusalem zum Passahfest reisen. Das Fest dauerte eine ganze Woche und der Weg dorthin und wieder zurück ins Heimatdorf Nazareth brauchte mehrere Tage. Abgesehen vom Organisationstalent Marias und Josephs, die für ihre anderen Kinder zu Hause die Kinderbetreuung sicherstellen mussten, bereiteten die Eltern ihren Sohn auf diese Reise vor.

Die Tempelwallfahrt diente nicht dem Vergnügen, sondern war Teil des religiösen Unterrichts. Noch heute wird jeder 13-jährige jüdische Junge im Rahmen der Bar Mizwa-Feier unter der Anwesenheit von Freunden und Verwandten als mündiges Mitglied feierlich in die Glaubensgemeinschaft aufgenommen. Wenn man Glück hat, kann man als Tourist oder Touristin an der Klagemauer in Jerusalem miterleben, wie die Familien nach der Zeremonie aus der Synagoge kommen, den Jungen mit der Thorarolle in der Hand auf den Schultern über den großen Platz tragen, wie sie ihn feiern, klatschend und singend hochleben lassen. Es gibt Geschenke, Küsse und Umarmungen! Wie zur Konfirmation in unserer evangelischen Kirche! Oder zur Ersten Heiligen Kommunion und zur Firmung in unserer katholischen Schwesterkirche.

Bei dieser Parallele waren die Gleichaltrigen aus der 7. Klasse während des Erzählens schnell angekommen. Und bei dem Unterricht, der darauf vorbereitete. Der Pflicht war und den die Eltern Maria und Joseph offensichtlich engagiert unterstützten und das gleiche Engagement auch von ihrem Sohn erwarteten. Denn sonst wären sie nicht die ganz Woche in Jerusalem geblieben. Sonst hätten sie nur das Minimalprogramm mitgemacht.

Das Vorbild der Eltern prägte. Jesus war mit Begeisterung dabei. Stolz gestaltete er das Programm im Tempel mit, versuchte herauszufinden, wie das ist mit Gott „und so", und stellt seine Fragen. Der 12-jährige Jesus – so erzählt es Lukas – gewann in diesem Unterricht Selbstvertrauen und Gottvertrauen. Darüber vergaß er die Zeit, verpasste den mit den Eltern verabredeten Zeitpunkt für die Rückreise ins Dorf Nazareth.

„Warum habt ihr mich gesucht?“, antwortete er auf die vorwurfsvollen Fragen der Eltern. „Ich bin doch kein Kleinkind mehr!“ Das fügten die aus der 7. Klasse hinzu. „Wisst ihr nicht, dass ich sein muss in dem, was meines Vaters ist?“ (V49). Jesus hatte im Gespräch mit den Lehrern Gottes Nähe und seine Freundschaft entdeckt. So wie einmal eine Konfirmandin beim Nachdenken über das Glaubensbekenntnis entdeckte, dass wir alle „Söhne und Töchter Gottes“ sind. Und eine andere fand heraus: „Gott gehört jedem von uns ein bisschen!“

Dieses Bewusstsein schafft Selbstbewusstsein. Wenn Gott jedem von uns ein bisschen gehört, dann bedeutet das ja, dass in jedem von uns etwas von Gott steckt. Dann bedeutet das, dass wir gar nicht so unheilig sind, wie wir uns manchmal fühlen. Und umgekehrt bedeutet das, dass Jesus, seine Geschwister und seine Eltern nicht nur ein bisschen heilig waren wie wir, sondern auch ganz normal wie wir. Mit Vorwürfen auf den Lippen. „Mein Sohn, warum hast du uns das angetan? Dein Vater und ich haben dich mit Schmerzen gesucht!“ (V48).

Ganz normal! Mit dem Streben nach Eigenständigkeit im Alter von 12 Jahren, auch wenn das der Mutter noch viel zu früh erscheint, weil allen Müttern das Setzen eigener Maßstäbe, insbesondere der Söhne, immer zu früh erscheint! So wie es den Vätern immer eine Sorgenecke in der Seele schafft, wenn sich die Töchter auf die Suche machen nach dem, was das Leben für sie bereithält!

Kindererziehung in der Bibel? Sie ist gegenwärtig in der Geschichte vom pubertierenden Jesus im Alter von 12 Jahren! Die in der 7. Klasse haben gleich gemerkt, dass Jesus ganz auf ihrer Seite ist. Selbstständig sein wie er! Ohne die Bevormundung der Erwachsenen – der Eltern, der Lehrerinnen und Lehrer, der Großeltern (die sitzen alle in einem Boot). Das ist der große Traum! Da lockt das Leben, da lockt Freiheit! Abhauen wie Jesus! Verabredete Zeiten, auch egal! Cool, dass Jesus sich das traute!

Für die Schülerinnen und Schüler in der 7. Klasse war das die erste und die wichtigste Botschaft der Geschichte aus dem Lukasevangelium. Jesus machte das, was er für richtig hielt. Er nahm keine Rücksicht darauf, ob er seiner Mutter damit Sorgen bereitete. Schwer für Eltern, wenn der Junge etwas anderes tut als das, was sie sich für ihn ausgedacht haben! Das steht da wirklich drin in der Geschichte: „Und sie verstanden das Wort nicht, das er zu ihnen sagte.“ „Junge, ich versteh' dich nicht!“

Aber – und deswegen ist die Geschichte eine Erziehungsgeschichte – die Botschaft von dem Mut des für sich selbst entscheidenden 12-Jährigen ist zwar für die Schülerinnen und Schüler die erste und die wichtigste, aber sie ist nicht die einzige Botschaft.

Die zweite Botschaft ist: In allem Streben des jungen Jesus, der mit seinen Eltern wenig zimperlich verfuhr, wurden die Maßstäbe von den Eltern und von den Lehrern gesetzt. Jesus konnte nicht alles machen, was er wollte! Die Vorbereitung für die Aufnahme als mündiges Mitglied in die Religionsgemeinschaft gehörte zu den Verbindlichkeiten in seiner Familie. So wie in den meisten Familien in unseren christlichen Kirchen die Taufe, die Feier der Ersten Heiligen Kommunion und die Konfirmation und der dazu gehörende Unterricht für Eltern und Jugendliche verbindlich sind.

Die dritte Botschaft in der Geschichte vom pubertierenden 12-jährigen Jesus ist: Jesus musste sich fügen! Und er ging mit ihnen nach Hause und „war ihnen untertan." (V51). Eine Erziehungsbotschaft? Ich verstehe sie so, auch wenn wir zum Glück Kinder und Jugendliche nicht mehr untertänig – im Sinne von willenlos gehorchend – machen oder gar ihren Willen brechen wollen, wie man das vor 50 Jahren in Schulen und Elternhäusern als Erziehungsprinzip propagierte. Nein, darum geht es nicht. Es geht darum, Strukturen zu schaffen, in denen Informationen, Wissen, Erfahrungen von einem Kind und von dem, der auf keinen Fall mehr ein Kind sein möchte, erworben werden können. Wissen über Gott „und so", um beim religiösen Unterricht in Jesu Familie (und nicht nur in dieser) zu bleiben.

Michael Winterhoff, ein Facharzt für Kinder- und Jugendpsychiatrie schreibt: „Kinder brauchen ... in der Schule und im Kindergarten genauso wie im Elternhaus Struktur, weil Struktur Halt gibt. ... [7] Zum Thema „Kind als Partner" sagt er: „Der Schutzraum, den Kinder früher dadurch hatten, dass Eltern ihnen Entscheidungen abnahmen, die sie noch nicht treffen können, weil sie deren Tragweite nicht überblicken, ist vollkommen verloren gegangen. ... Wie soll ein Kind frei, unbeschwert und fröhlich sein, wenn es ständig von Erwachsenen damit belastet wird, Entscheidungen zu treffen ..., die es hoffnungslos überfordern?"[8]

Joseph und Maria schafften eine Struktur für ihre Kinder. Und dennoch oder vielleicht gerade deshalb nahm Jesus „zu an Weisheit, Alter und Gnade bei Gott und den Menschen." Die Eltern konnten stolz sein!

Und wo ist Gott in der ganzen Geschichte? Will Gott etwas zu tun haben mit dem Schüler, der die bemerkenswerte Frage nach den Kinderkrankheiten Jesu stellte?

Ich glaube, Gott gehört nicht nur jedem von uns ein bisschen. Gott steckt da überall mit drin, wo er denen aus der 7. Klasse den Mut für die ersten eigenen Wege gibt, und den Eltern und allen, die mit ihnen im gleichen Boot sitzen, die Kraft, strukturierte Vorbilder zu sein.

„Wisst ihr nicht, dass ich sein muss in dem, was meines Vaters ist?" (V49). Von Gott holte sich Jesus sein Selbstbewusstsein, seinen Mut. Von ihm holten sich seine Eltern ihre Kraft. Gott will viel mit uns zu tun haben – und mit dem besagten Schüler aus der 7. Klasse auf jeden Fall!

---

[7] M. Winterhoff, Tyrannen müssen nicht sein, S. 171

[8] M. Winterhoff, Tyrannen müssen nicht sein, S. 55

Gründonnerstag – die Botschaft des Abschiedsessens …

… antwortet auf die existenzielle Frage danach, wo die Nähe Gottes zu spüren, zu riechen und zu schmecken ist.

Textbezüge:
Matthäus 26,17-30 / Markus 14,12-25 / Lukas 22,7-23 / 39-46

„Gründonnerstag" – so nennen wir den Tag vor dem Karfreitag. Die Deutung des Namens für diesen Tag weist mich auf seine Botschaft hin. „Grün" kommt von dem althochdeutschen Wort „greinen". Wenn ich früher in den nordhessischen Dörfern meiner Gemeinde Hausbesuche machte, dann erzählten die älteren Menschen manchmal davon, dass das neugeborene Enkelkind die ganze Nacht „gegreint" habe. „Greinen" heißt „weinen". Der Gründonnerstag ist also der Tag der Tränen.

Der Abend begann mit einem Fest. Jesus und seine Jünger feierten wie alle Jüdinnen und Juden bis auf den heutigen Tag das Passahfest. Fröhlich und ausgelassen ging es zu, die Freundinnen und Freunde freuten sich an den köstlichen Speisen, nachdem sie sie aus Gottes Hand empfangen und auf sein befreiendes Handeln hin gedeutet hatten. Nachdem sie einander erzählt hatten von damals: „Weißt du noch, wie es war in der Nacht vor der Flucht unserer Mütter und Väter aus der Sklaverei in Ägypten …? Schnell musste es damals gehen, da war keine Zeit zum Säuern des Brotteigs …".

Das ungesäuerte Brot schmeckt besonders, anders, weil es zum Zeichen für die Zusammenarbeit zwischen Gott und den Menschen wird. Darauf tranken sie einen Schluck vom Getränk der Freude und des Festes aus dem Becher, der in der Runde der Jüngerinnen und Jünger kreiste.

Darauf hatten sie sich gefreut. Jesus hatte sogar einen Saal anmieten lassen – ungewöhnlich, wo er sich doch sonst eher mit vielen anderen im Gras niederließ oder darauf wartete, irgendwo eingeladen zu werden, sich auch manchmal selbst einlud.

Heute war alles anders. Die Freundinnen und Freunde waren ganz unter sich im Abendmahlssaal in Jerusalem! Wie oft hatten sie sich das gewünscht! Die Nähe Jesu uneingeschränkt für sich alleine zu haben! Noch ahnten sie nicht, was er ihnen an diesem Abend eröffnen würde. Der Beschluss, Jesus zu verraten, war bereits gefasst, und der Verräter saß beim Festessen dabei.

Ob die Jünger die geheimnisvollen Worte Jesu verstanden? „Mich hat herzlich verlangt, das Passahlamm mit euch zu essen, ehe ich leide", sagte er. „Denn ich sage euch, dass ich es nicht mehr essen werde, bis es erfüllt wird im Reich Gottes." (V15). Vermutlich spürten die Freunde, dass da etwas in der Luft lag. Und als Jesus den Becher mit dem Wein zum ersten Mal vor dem Essen kreisen ließ: „Nehmt ihn und teilt ihn unter euch!" (V16), da werden sie erst einmal einen kräftigen Schluck getrunken haben!

„Das ist mein Leib!", sagte er dann beim Brechen des Brotes, das er vor dem Essen als Vorspeise herumgehen ließ. Anspielungen und mehrdeutige Worte beim Familienessen – besser man überhört sie und geht nicht weiter darauf ein. Wegen der Stimmung. Das bisschen knisternde Spannung hält man schon für die eine Stunde aus!

Nach dem Essen der Abschiedsschluck. „Das ist mein Blut!“, so deutete Jesus den Becher mit dem Wein auf sich selbst, bevor er ihn seinen Freundinnen und Freunden weiterreichte. Auch da wird ihnen vermutlich die Tragweite der Worte noch nicht bewusst gewesen sein.

Ihre Aufmerksamkeit galt einer anderen Botschaft: „Siehe, die Hand meines Verräters ist mit mir am Tisch!“ (Lk 22,21). Waren alle vorher gesagten Worte für sie noch andeutend, nebulös geblieben – diese Worte saßen! „Bin ich´s?“ „Bin ich´s?“ „Oder etwa ich?“ „Ich doch nicht!“ „Du? Bist Du´s? Du doch hoffentlich nicht! Du – das wäre die größte Enttäuschung in meinem Leben!“

Ich glaube, schuld zu sein, ist das schlimmste Gefühl, das einen Menschen treffen kann. „Ich weise alle Schuld von mir!“ „Ich wasche meine Hände in Unschuld!“ Seit biblischer Zeit sind die Formeln für die Beteuerung der Unschuld zahlreich und symbolträchtig, so als könnten wir mit ihnen die Schuld wegscheuchen, ungeschehen machen (vgl. Mt 27,24).

Für mich ist die Stelle in der Gründonnerstagsgeschichte, an der Jesus den Verräter in den Raum stellte, ohne seinen Namen zu nennen, die eindrucksvollste Stelle in der Bibel im Umgang mit der Schuld. Jesus beschönigte nichts. Er sagte nicht: „Es könnte sein, dass einer unter euch …! Ich mache euch darauf aufmerksam, dass unter Umständen, möglicherweise …“ Nein, so redete Jesus nicht! Klar und wahr und deutlich sagte er: „Es ist einer von euch!“ Das Einzige, was er dem Schuldigen überließ, war die Möglichkeit, zu der Klarheit und der Wahrheit seiner Schuld vor sich selbst und vor den Anderen zu stehen.

Es wird in unseren Kirchen und in unserer Gesellschaft, in der Presse und auf der Straße aus ganz verschiedenen Anlässen und Gründen viel geredet über den Umgang mit der Schuld, die einer oder eine auf sich geladen hat. Der klare Umgang mit der Schuld in der Gründonnerstagsgeschichte könnte für uns ein Wegweiser sein.

Der Wegweiser beginnt mit der Klarheit und der Wahrheit der Worte. Diese Klarheit und Wahrheit führt über die Betroffenheit zur Suche nach der Schuld bei sich selbst und bei denen, die mit am Tisch sitzen. Die Suche nach der Schuld endete damals nicht mit ausgefeilten Worten der Entschuldigung. Die Suche endete mit den Tränen, die am Abend dieses Tages noch fließen werden. Tränen der Reue und der Scham, Tränen der Klage, Tränen der Enttäuschung.

Nachdem die Freude dem betroffenen Schweigen gewichen war, gingen die Freundinnen und Freunde gemeinsam in den Garten am Stadtrand von Jerusalem. Frische Luft tat jetzt gut, nachdem die Mahlzeit so bedrückend zu Ende gegangen war. Jesus war bei ihnen. Er hatte Angst vor dem, was auf ihn zukommen würde und zog sich zurück. Doch er bat die Jünger, wach zu bleiben, wenigstens in Gedanken bei ihm zu bleiben. Das half. An dieser Stelle in der Gründonnerstagsgeschichte ist Gott dunkel und nicht mehr zu verstehen. Dreimal kehrte Jesus aus der Einsamkeit zurück zu seinen Jüngern. Aber die Schlafmützen waren eingeschlafen.

Es wird berichtet, Jesus habe geweint in der Dunkelheit. Wir haben gelernt: „Ein Junge weint nicht!“ Tränen sind ein Zeichen der Schwäche. Gefühle hat man, aber man zeigt sie nicht. Doch können wir, wenn sich in unserem Leben tief greifende Dinge ereignen, auf Klagen und Weinen, auf Loben und Danken, auf Fluchen und Schreien, auf die Tränen verzichten?

Tränen haben reinigende, tröstende und befreiende Kraft. So verstehe ich die Tränen Jesu am Abend vor seinem Tod. Tränen der Einsamkeit und Angst. Tränen, die nach außen spülen, was das Herz bedrückt. Diese Tränen sind nicht nur erlaubt, sie sind lebensnotwendig, im wahrsten Sinne des Wortes die Not wendend, die Not erträglicher machend.

Am Gründonnerstag im Garten führten die Tränen zum Gebet, zum Ringen Jesu mit dem dunklen Gott. Nicht so, dass oben eine Münze hineingesteckt wird und unten kommt heraus, was man sich wünscht. „Vater, lass diesen Kelch an mir vorübergehen!“ (Lk 22,42). So nicht. Sondern Beten heißt hier, sich Gott zum Verbündeten zu machen und sich mit ihm zusammen auf das vorzubereiten, was die Zukunft bereithält.

Das ist die Botschaft der Gründonnerstagsgeschichte: „Arbeite mit Gott zusammen!“ Der Tag der Tränen zeigt uns die dunkelsten und die schwersten Seiten der menschlichen Wirklichkeit. Er führt uns dahin, wo nur noch die Tränen bleiben. Und die Chance der Zusammenarbeit mit Gott.

Der Gründonnerstag – und seitdem jede Feier des Heiligen Abendmahls – schickt uns zurück an den Anfang. Ganz weit zurück zu der Geschichte des Volkes Israel, die an diesem Abend von der befreienden Zusammenarbeit Gottes mit den Menschen erzählt und in der das Abendessen am Gründonnerstag seinen Ursprung hat.

Das Essen am Gründonnerstag – und seitdem jede Feier des Heiligen Abendmahls – schickt uns zurück zu den Worten Jesu am Anfang. Zur Wahrheit und zur Klarheit der Schuld. Zur Wahrheit und zur Klarheit der Reue. Der Gründonnerstag – und seitdem jede Feier des Heiligen Abendmahls – führt zum Brot und zum Becher mit dem Wein.

Jesus deutete das Brot und den Wein auf sich selbst. „Ich bin das Brot. Ich bin der Wein. So wie ich das Brot breche vor euren Augen, so werden morgen mein Leib und mein Leben zerbrechen. So wie der Wein durch eure Kehlen fließt, so wird morgen mein Blut fließen.“ Es ist viel gerätselt worden über diese Worte und die Gemeinschaft der Kirche ist darüber zerbrochen.

Für mich als evangelische Christin ist klar: Brot bleibt Brot beim Abendmahl, und Wein bleibt Wein. Da verwandelt sich nichts so, wie sich auch damals im angemieteten Abendmahlssaal in Jerusalem nichts verwandelt hat. Was sich verwandelt, ist mein Verhältnis zu Gott und zu meinem Leben. Brot und Wein sind Zeichen der Nähe Gottes und der Menschen, die es mit mir teilen.

Mit einem Stück Brot und mit einem Schluck Wein nehme ich die Freundschaft Gottes in mich auf, die die Freundinnen und Freunde in der Nähe Jesu spürten und die sie ganz für sich alleine haben wollten – auch der, der große Schuld auf sich geladen hatte.

Ja, das glaube ich, dass uns das abendliche Mahl am Gründonnerstag gut vorbereitet auf das Leben, stärkend und klärend und in seiner großen Tragweite weitertragend. Deswegen beginnt die Feier des Heiligen Abendmahls wie damals im angemieteten Saal in Jerusalem mit der Frage nach unserer Schuld, mit der Frage nach unserer treulosen Müdigkeit, mit der Frage nach unserem Fehlverhalten gegenüber Gott und den Menschen und gegenüber uns selbst.

Deswegen beginnt das Mahl am Gründonnerstag mit dem Eingeständnis unserer Schuld in der Form der gottesdienstlichen Gemeindebeichte nach der Ordnung unserer evangelischen Kirche. Nicht, um die Schuld wegzublasen, sondern um sich zusammen mit Gott auf einen Weg zu begeben. Über die Tränen der Reue, der Scham und der Angst hin zu der Hoffnung auf das Licht des befreiten Lebens.

Karfreitag – die Botschaft des Kreuzes …

… antwortet auf die existenzielle Frage nach der Rolle Gottes im Leid.

Textbezüge:
Matthäus 27,31-56 / Markus 15,20b-38 / Lukas 23,32-49 / Johannes 19,16-30

„Und sie kreuzigten ihn.“ (Mk 15,24a). Diese vier Worte aus dem Markusevangelium umfassen das ganze Geschehen. Historisch gesehen wurde Jesus gekreuzigt, weil er den Vertretern der jüdischen Religion zu häretisch und den Römern zu Unruhe stiftend war. Das konnte Pontius Pilatus, der Statthalter in Judäa nicht gebrauchen. Er hatte den Auftrag, die unruhigen Judäer im Zaum zu halten. Was hat das mit uns zu tun?

Von dem historischen Hintergrund abgesehen, geht es in der Kreuzigungsgeschichte um den Umgang mit Leiden, mit Schmerzen und mit dem Tod. Es geht um den Tod des einen, der „für uns gestorben ist“. Was bedeutet das: „Für-uns“?

„Und sie kreuzigten ihn.“ Das Kreuz begegnet uns an vielen Ecken unseres Alltags. Da sind die Wege-Kreuze oder die Kreuze in den Andachtshäuschen am Straßenrand, die kleinen Holzkreuze entlang der Straße. Mit Blumen geschmückt, erinnern sie an einen Menschen, der an dieser Stelle gestorben ist. Manchmal findet sich noch ein Kreuz im Klassenzimmer, über einem Bett im Krankenhaus oder im Seniorenheim. Ach ja, hier geht es christlich zu!

Wir haben uns an das Kreuz gewöhnt. Es gehört dazu. Es ist ein Symbol für die Gemeinschaft der Christen. „Sollen die Mädchen zur Konfirmation ein goldenes Kreuz tragen?“ so fragte eine Mutter beim Konfirmandenelternabend. In der 9. Klasse berichteten vor allem die Schülerinnen, dass es für sie ganz selbstverständlich war, zur Feier der ersten Heiligen Kommunion ein kleines Kreuz umzulegen. Als Schmuckstück? Oder vielleicht doch mehr – mindestens als ein Zeichen der Zugehörigkeit zur Christenheit? Ein kleines, goldenes Kreuz als Schmuckstück finden wir schön.

Zuerst aber ist das Kreuz grausam, sehr grausam. Die Kreuzigung war zu der Zeit, als Jesus lebte, die grausamste Todesart. Durch Ersticken starb nach stundenlangen Qualen der, den man zur Strafe an ein Kreuz gehängt hatte. Nein, das Kreuz ist nicht schön! Das Kreuz erzählt von Schmerzen, von körperlicher und seelischer Not. Das Kreuz erzählt von Abschied, von Trauer und vom Tod. Das Kreuz erzählt von einem Gott, der dunkel ist und nicht mehr zu verstehen.

„Und sie kreuzigten ihn.“ Diese vier Worte aus dem Markusevangelium umfassen das ganze Geschehen. Es geht eine doppelte Faszination von diesen Worten aus. Da ist auf der einen Seite das bewundernde, respektvolle Erschrecken darüber, dass der eine Mensch diesen gewaltsamen Tod so aushalten konnte, dass er ihn mehr oder weniger freiwillig auf sich nahm. Auf der anderen Seite ist da das staunende Erschrecken über die Beruhigung, die ein Kreuz ausstrahlt. Schweigend nimmt es uns in ein Geschehen mit hinein. Unsere Sprache beschreibt es mit den Worten, dass Jesus Christus „für uns“ gestorben sei. Er ist nicht „wegen“ uns gestorben, etwa weil wir so schlecht seien. Er ist „für uns“ gestorben heißt, er ist zu unseren Gunsten gestorben. Er ist gestorben, damit uns etwas Gutes geschieht. Was ist das Gute am Kreuz?

„Und sie kreuzigten ihn.” In dem Geschehen, das diese vier Worte umfassen, sehe ich Gott spazieren gehen so, wie er damals spazieren ging in der Abendkühle im Garten Eden und nach dem Menschen rief: „Adam, wo bist du?“ (Gen 3,8+9). Gott sucht den Menschen. Er suchte ihn in seiner Gottverlassenheit. Er suchte ihn dort, wo er unter Schmerzen schreit und sich von ihm und aller Welt verlassen fühlt. Im Erleiden von Unglück und Not ist es das größte Glück, das einem Menschen passieren kann, dass einer bereit ist, für ihn da zu sein. Die nachgehende Teilnahme Gottes an unserem Leben ist eine wesentliche Grundlage christlicher Existenz.

Wir erleben immer häufiger, wie es sich anfühlt – zum Beispiel im Zimmer eines Seniorenheims –, wenn diese nachgehende Teilnahme eines Menschen fehlt. Da ist die Gottverlassenheit zu spüren und die Menschenverlassenheit noch mehr. Der Name des Heims „Vergiss-mein-nicht“ verleiht dieser Lebenssituation einen ironischen Beigeschmack – es sei denn, man versteht ihn als Hilferuf, gleich dem Wort Jesu am Kreuz: „Mein Gott, mein Gott, warum hast du mich verlassen!“ (Markus 15,34). Dort, wo ein Mensch so ruft, geht Gott spazieren, wie damals in der Abendkühle im Garten Eden. Wo niemand mehr nach einem Menschen ruft, da ruft Gott nach ihm. Er nimmt das Leiden nicht weg, aber er ist da.

„Und sie kreuzigten ihn.“ In diesem Geschehen stehen sich Mensch und Gott nicht mehr gegenüber. Sie werden eins. Das ist die Beruhigung, die vom Kreuz im Krankenzimmer ausgeht. Ich habe einmal eine alte Frau bis zu ihrem Tod immer wieder besucht. Sie war weit über 90. Über ihrem Bett in der alten Bauernstube hing ein schlichtes, braunes Holzkreuz. Es war nichts darauf zu sehen. Es hing kein gekreuzigter Christus daran. Als lange Gespräche nicht mehr möglich waren, blickte die alte Frau eines Tages kurz auf dieses Holzkreuz und sagte: „Der versteht mich!“ Das Erschrecken vor dem Kreuz wandelte sich in stilles Staunen über den sympathischen Gott. (griech. συμπαθέω mit-leiden, mit-empfinden)

„Adam, wo bist du?“ In diesem Ruf Gottes nach dem Menschen in seiner schicksalhaften Verlassenheit schwingt auch der Ruf Gottes nach dem Menschen in seiner schuldhaften Verstrickung mit. „Mensch, wo bist du hingeraten?“ Das ist eine Frage, die wir gerne an die Seite schieben, die wir gerne verdrängen und ignorieren. Das erspart uns Auseinandersetzungen mit anderen und vor allem mit uns selbst. Wer möchte sich schon eingestehen, dass er oder sie gescheitert ist mit seinem, mit ihrem Lebensplan? Sünde ist nicht in erster Linie die beichtwürdige Einzeltat. Sünde ist die schuldhafte Verfehlung des Lebens, bei der es um den ganzen Menschen geht – um den einen, den Gott im Garten des Lebens sucht: „Mensch, wo bist du hingeraten?“

Sünde ist Schuld und Verhängnis zugleich. Ein Kind, das keinen Halt in seinem jungen Leben erfährt, wird nur schwer Halt in seinem späteren Leben finden, wird vielleicht zu einem haltlosen Menschen werden und anderen keinen Halt geben können. Da hat die Schuld zwei Seiten. In einem Menschen, der keine Liebe erfährt, wird keine Liebe geweckt. Er wird ewig auf der Suche bleiben und sich Mitteln bedienen, die nicht liebevoll sind, um auf sich aufmerksam zu machen. „Selber schuld?“ Wie oft stimmt das nur vordergründig! In unserer Gesellschaft, in der die intakte Familie die Ausnahme geworden ist, werden Menschen immer häufiger verwoben in schuldhafte Verstrickungen, in der die Täter zugleich auch Opfer sind. Wie kommen wir heraus aus dieser Gemengelage von Schicksal und Schuld?

„Mensch, wo bist du hingeraten? Und: Wohin hast du andere gebracht?“ Das Bedrückende am Karfreitag mit seinem Blick auf das Kreuz ist, dass er diese Frage in aller Schonungslosigkeit stellt. „Mensch, wo bist du hingeraten? Und: Wohin hast du andere gebracht?“ Ich kann dieser Frage ausweichen. Ich kann sie überhören. Ich kann sie zudecken und darauf vertrauen, dass die Zeit über Geschehenes hinweggeht und dem Vergessen Raum gibt. Ich kann aus dem Garten des Lebens in meine eigene, virtuelle Welt entfliehen. Und bei manchen geht das ein Leben lang gut.

Was aber geschieht, wenn sich ein Mensch diesen Fragen ernsthaft stellt? „Mensch, wo bist du hingeraten? Und: Wohin hast du andere gebracht?“ Das Erkennen der eigenen Schuld kann furchtbar sein. Wer vor dem Scheiterhaufen seines Lebens steht und um seine Anteile daran weiß, findet sich wieder in einem dunklen Loch, aus dem es keinen Ausweg gibt. Ja, sagt das Kreuz, auch in diesem Teil des Lebensgartens geht Gott spazieren. Auch da ist Gott.

Christus ist „für uns“ gestorben, um unser Scheitern und Versagen mit hineinzunehmen in einen Weg, den Gott auch mit dem schuldbeladenen Menschen zu gehen bereit ist. Das bedeutet nicht, dass Schuld ungeschehen gemacht wird. Es gibt Schuld, die ist nicht wieder gutzumachen. Es gibt keinen Weg um die Schuld herum. Es gibt aber einen Weg, der mit Gottes Hilfe durch die Schuld hindurch und weiterführt. Dieser Weg erschließt sich freilich nur dem, der sich hineinnehmen lässt in das Geschehen am Kreuz und dem Wort von der Anteilnahme Gottes und von der Vergebung vertraut. Das Ziel dieses Weges ist das Leben, wie immer es sich auch formt.

Wo unsere Sprache nicht ausreicht, um die Nähe Gottes in allen schuld- und schicksalhaften Verstrickungen unseres Lebens zu beschreiben, da weist uns die Geschichte von der Kreuzigung an eine eindrucksvolle Begebenheit. Als Jesus gerade gestorben war, „zerriss der Vorhang im Tempel in zwei Stücke von oben an bis unten aus.“ (Mk 15,38).

Dieser Vorhang trennte das Allerheiligste von den übrigen Bereichen des Gotteshauses ab. Den gewöhnlichen Gläubigen war der Zugang zum Allerheiligsten verwehrt. In ihm wurden die Gebotstafeln aufbewahrt. Deswegen galt dieser Ort als ein Ort der unmittelbaren Nähe Gottes. Nur der Hohepriester durfte ihn einmal im Jahr – am großen Versöhnungstag – betreten. Stellvertretend für das Volk brachte er ein Opfer dar und bat um die Vergebung der Sünden. Den normalen Menschen sollte die Nähe Gottes verborgen bleiben. Sie waren durch einen Vorhang getrennt von ihr. Im Augenblick des Todes Jesu aber zerriss genau dieser wichtige Vorhang „in zwei Stücke von oben an bis unten aus“.

Im Augenblick des Todes Jesu am Kreuz ist der Zugang zu Gott für alle frei geworden.[9]

Nein, das Kreuz ist nicht schön. Aber seine Botschaft ist schön: Gottes Teilnahme an unserem Schicksal und an unserer Schuld. Die Möglichkeit der Vergebung und die Hoffnung auf einen Weg, der weiterführt. Das ist das Gute am Kreuz!

---

[9] G. Kittel, Der Name über alle Namen II, S. 64

Die Botschaft des Kreuzes ist befreiend schön! Deshalb gefällt mir der alte Brauch, zu bestimmten Anlässen ein Kreuz zu tragen. Wer ein Kreuz umlegt, ein kleines goldenes zur Konfirmation oder zur Firmung, der gibt die Botschaft von der Nähe Gottes weiter:

Die Solidarität Gottes – „Ich bin da!“

Die Sympathie Gottes – „Ich leide mit dir, wenn du Leid zu tragen hast!“

Das Kreuz des Christus ist die Fortsetzung der Geschichte Gottes mit den Menschen, die in der Offenbarung des Gottesnamens (Exodus 3,14) ihren Ursprung hat: „Ich werde sein, der ich sein werde!“ Der Gottesname ist Programm. Der Gottesname ist Charakter. In der Geschichte des Christus wird aus „Ich werde sein, der ich sein werde!“ der andere Gottesname „Immanuel“ (verheißen in Jes 7,14; erfüllt in Mt 1,23): „Gott mit uns!“

Der Mensch im Schatten des Todes und die Hoffnung, die ihn trägt: Michelangelo Buonarroti „Pietà“

In welcher Sprache drücken wir unsere Betroffenheit und unsere Suche nach Antworten und Wegen aus? Zumindest im Blick auf das Ostergeschehen reicht unsere Sprache nicht aus, um das Geschehen umfassend zu beschreiben. Ein Musiker würde sagen, Ostern ist ein Klang. Ein Künstler wird die Wirklichkeit der Auferstehung in Farben und Formen fassen. Zur Botschaft „Der Herr ist auferstanden, er ist wahrhaftig auferstanden!“ kommen Bilder hinzu.

Der italienische Maler, Architekt und Bildhauer Michelangelo Buonarroti (1475 – 1564) hat unserer Frage nach der Bewältigung von Leiden und Tod mit seiner florentinischen „Pieta“ eine eindrucksvolle Antwort gegeben.

„... nicht, was ich will, sondern was du willst!“ (Mk 14,39). Christus liegt nach der Abnahme vom Kreuz auf dem Schoß seiner Mutter. Hinter ihnen steht unterstützend und helfend Nikodemus,[10] der im Johannesevangelium als ein heimlicher, stiller Begleiter Jesu vorgestellt wird (Joh 3). Auf der anderen Seite kniet Maria Magdalena.

Maria Magdalenas enge Beziehung zu Jesus war kein Geheimnis. Die Tatsache, dass sie so, wie sie sich jetzt in der „Pieta“ Michelangelos zeigt, nachträglich von einem anderen Künstler der Gruppe hinzugefügt wurde, ändert nichts an ihrer inhaltlichen Komponente. Michelangelo hätte die Figur vermutlich nicht so glatt und schön gestaltet und weniger engelhaft, weil das nicht zu ihrer Lebensgeschichte passt. Maria Magdalena sei von sieben bösen Geistern besessen gewesen, fremd bestimmt in ihrem Denken und Tun. Das erzählt das Lukasevangelium (Lk 8,2). Als sie dem Mann aus Nazareth begegnete, ordnete sich ihr Leben. Wir können nur ahnen, was mit dem Karfreitag über sie hereinbrach. Mit Jesu Tod starb auch ihr neu gewonnenes Leben. „Mein Gott, mein Gott

[10] Ich folge G. Vasari, der in der männlichen Figur Nikodemus und nicht wie viele andere, spätere Interpreten Joseph von Arimathäa sieht. Das Ringen Michelangelos um sein Verhältnis zu Gott passt zum Ringen des Nikodemus um dieselbe Frage. Vgl. G. Vasari, Lebensläufe, S. 533ff

warum hast du mich verlassen?“ (Ps 22,2). In aller Gottesferne suchte sie Gottes Nähe. Maria Magdalena lief nicht wie die anderen Jüngerinnen und Jünger davon. Sie wich der Realität des Todes nicht aus.

„Ich will hier bei dir stehen, verachte mich doch nicht;
von dir will ich nicht gehen, wenn dir dein Herze bricht.“
(EG 85,6)

In der Erfahrung der Gottesferne nach Gottes Nähe zu suchen, das ist die Motivation der Verkündigung in Wort und Musik an den Tagen der Klage – am Karfreitag und am Ewigkeitssonntag, dessen Inhalt auch der Umgang mit dem Tod ist und die Frage nach dem Leben, das darauf folgt.

Aus der schönen Jungfrau Maria ist in Michelangelos Werk eine vom Schmerz gezeichnete Frau geworden. Maria hatte ihn geboren und großgezogen. Dann war er fortgegangen, wie Kinder fortgehen aus ihrem Elternhaus. „Was geht's dich an, Frau, was ich tue?“ So redete der Sohn mit seiner Mutter, als sie ihn bei der Hochzeitsfeier in Kana um Hilfe bat (Joh 2,4). Schließlich stand sie unter dem Kreuz. Sie erlebte, was das Schlimmste für Mutter oder Vater ist. Sie musste ihr Kind begraben.

In Michelangelos Werk zieht sie den toten Christus an sich. Für einen Moment noch möchte sie ihn von der Tiefe und Endgültigkeit des Todes zurückhalten. Das Herz kann so schnell nicht begreifen, was der Verstand längst weiß. In der Minute des Abschieds wohnt die Intuition, es könne der Atem des Lebens doch noch einmal durch den toten Körper gehen. Wer jemals von einem toten Menschen Abschied genommen hat, kennt dieses Gefühl. Im Nachhinein, wenn die Schritte vom Friedhof weg allmählich zurück in den Alltag führen, formt sich dieses Gefühl zu der Idee der Seele, die Tür könnte sich öffnen und der Tote sei wie vorher wieder da. Menschen, die am Ewigkeitssonntag ihrer Toten gedenken, sind von diesen Erfahrungen erfüllt, die sich andeuten in Michelangelos Werk.

Auch die Gedanken des Nikodemus gehören dazu. Vom Wasser, das alles Leben erhält und vom Geist, der uns unsichtbar und leicht wie der Wind in den Höhen und Tiefen des Daseins umgibt, ist die Rede in einem nächtlichen Gespräch zwischen Jesus und ihm (Joh 3,6-8). Es geht um die Frage nach den sichtbaren Zeichen für Gottes Nähe im Leben des Menschen. Und weil auch hier unsere Sprache nicht ausreicht, um die Wirklichkeit Gottes zu beschreiben, antwortete Jesus mit dem Bild vom Wesen des Windes. Viel deutlicher als in den Ostergeschichten kommt in der Begegnung mit Nikodemus zum Ausdruck, dass die Zeichen der Nähe Gottes nur aus dem Glauben heraus gesehen werden können (Joh 3,18).

Nikodemus hatte sich nie eindeutig entscheiden können, ob er sein Leben voller Vertrauen unter die bedingungslose Gnade Gottes stellt oder, ob er sich doch lieber an die Verdienstgerechtigkeit halten soll. Öffentlich jedenfalls bekannte sich Nikodemus nicht zu Jesus. Es scheint jedoch, als sei die Ahnung von einer Wirklichkeit, die Grenzen überschreitet und die ein ewiges Leben verheißt, seit jenem nächtlichen Gespräch in ihm lebendig geblieben.

Noch zweimal wird von Nikodemus berichtet. Im Sitzungssaal des Hohen Rates weigerte er sich, der Verurteilung Jesu zuzustimmen (Joh 7,50+51). Zuletzt sehen wir ihn in der Szene, die Michelangelos „Pieta“ uns vor Augen führt. Jesus war tot. Nikodemus kümmerte sich um den Leichnam (Joh 19, 38-42).

Es ist das von Zweifeln getragene, unentschlossene, stille Gottvertrauen gegen den Augenschein, das die Person des Nikodemus zur Identifikationsfigur des Lesers und Betrachters werden lässt. Wie weit kann ich mich einlassen auf Gottes Führung? Ist es vielleicht doch sicherer, mehr auf meine Kraft zu setzen? Die Berührung mit dem Tod eines nahestehenden Menschen ist eine Ausnahmesituation im Leben, die an die Grenzen der Bewältigungsmechanismen führt. Die Möglichkeit, mit dem sympathischen Gott zu rechnen, wird auf die Probe gestellt. Dazu kommt, dass der Tod des anderen den eigenen Tod näher rückt. Wie wird es mir ergehen? Je älter der Betrachter / die Betrachterin ist, desto drängender wird dieser Gedanke.

So empfand wohl auch Michelangelo Buonarroti. In seiner Darstellung ist Nikodemus ein alter Mann. Das führte dazu, in ihm das Selbstbildnis des Künstlers zu sehen. Wenn es stimmt, dass Michelangelo mit der Arbeit an dieser „Pieta“ im Jahre 1555 (also im Alter von 80 Jahren) begann und sie erst sechs Jahre später (1561) seinem Diener übergab, dann begleitete ihn die Figur des Nikodemus in den letzten Jahren seines Lebens. In seinem Werk ist die Ahnung lebendig oder auch die von Zweifeln getragene Hoffnung, das Leben könnte weiter reichen als seine sichtbaren Grenzen.

Der Künstler hatte den leiblichen Tod genauso im Blick wie die begrenzte Möglichkeit, das Dasein vollkommen aus eigener Kraft gestalten zu können. Es gibt Wege, die wir uns nicht ausgesucht haben, die wir aber dennoch geführt werden. „Ich bin so alt, dass mich der Tod oft am Rocke zupft, um mitzukommen und eines Tages werde ich diese Laterne (die ihm Licht gab, wenn er nicht schlafen konnte und mitten in der Nacht an seinem Werk arbeitete) hinfallen, und mein bisschen Lebenslicht wird auslöschen.“ So schilderte Michelangelo in dieser Zeit einem Freund seine Befindlichkeit.[11] Es ist kein Zufall, dass Michelangelo die Gruppe mit den lebensgroßen Figuren seiner „Pieta“ für sein eigenes Grab in der Kirche S. Maria Maggiore in Rom vorgesehen hatte.

Die Arbeit an dem Marmorblock gestaltete sich schwierig. Ob es wirklich nur an der entgegenlaufenden Ader im Marmor lag? Vielleicht spielten auch die spürbaren Begrenzungen des Alters und der Gedanke an das eigene Ende eine Rolle – das von Zweifeln durchzogene Gottvertrauen und die Unentschlossenheit, den eigenen Weg von dem des Christus berühren zu lassen.[12]

An dieser Stelle verschmelzen die Namen Nikodemus und Michelangelo mit dem Namen des Betrachters und der Betrachterin, die vor der Gruppe der Figuren stehen und sich wiederfinden in ihrer Geschichte. Zu dem von Zweifeln durchzogenen Gottvertrauen kommt die Auflehnung gegen den

[11] H. Grimm, Das Leben Michelangelos, S. 790

[12] Davon erzählt ein Gebet Michelangelos, das in unserem Evangelischen Gesangbuch steht (Nr. 939):
O Herr, bitter ist das Brot des Alters und hart. Wie erschien ich mir früher reich – wie arm bin ich nun, arm und einsam, und so hilflos. Wozu tauge ich noch auf Erden? Schmerzen plagen mich Tag und Nacht, träge rinnen die Stunden meiner schlaflosen Nächte dahin, ich bin nur noch ein Schatten dessen, der ich einmal war. Ich falle den anderen zur Last – Herr, lass es genug sein. Wann wird die Nacht enden und der lichte Tag aufgehen? Hilf mir, geduldig zu sein. Zeig mir dein Antlitz, je mehr mir alles andere entschwindet. Lass mich den Atem der Ewigkeit verspüren, nun, da mir aufhört die Zeit. Auf dich, o Herr, hoffe ich, lass mich nicht zuschanden werden in Ewigkeit.

Tod hinzu – gegen den eigenen Tod und gegen den Tod eines Menschen, mit dem wir unser Leben teilen. In einem solchen Moment zerstörte Michelangelo seine Arbeit. Er schlug seinem Christus den linken Arm und das linke Bein ab. Die „Pietà" blieb unvollendet. Ein Freund nahm sich ihrer an und übergab sie später dem Bildhauer Tiberio Calcagni (1532-1665). Er reparierte die Christusfigur und vollendete die Gruppe auf seine Weise mit Maria Magdalena.[13] Die Hand Michelangelos aber blieb unverkennbar erhalten. Für mich ist es eine der ausdrucksvollsten Darstellungen des Geschehens am Karfreitag. Und sie enthält für mich eine besonders tröstliche Botschaft im Blick auf den Tod.

Unvollendet und doch vollendet in dem Sinne, dass ein Lebenswerk erfüllt ist in aller Unvollkommenheit der menschlichen Existenz, so stellt sich das Dasein eines Menschen dar. Das ist das Thema des Ewigkeitssonntags. Auf dem Antlitz des Christus liegt ein Lächeln. „Es ist vollbracht!" (Johannes 19,30). Dieses Kreuzeswort beendete das irdische Leben Jesu. Dieser Satz fasste die erleichternde Erlösung von der Qual des Weges zum Tod in Worte. Der tote Christus in Michelangelos „Pietà" nimmt den Menschen in seiner Unvollkommenheit hinein in die Gewissheit „Es ist – dennoch – vollbracht!"

So wie Nikodemus, die Mutter Maria, die Freundin Maria Magdalena und der tote Christus jeweils für sich alleine stehen, so fügt sie der Künstler zugleich zu einer Gemeinschaft zueinander. Trauernde trauern für sich alleine auf je ihre eigene Weise, aber zu bestimmten Zeiten und an bestimmten Orten trauern sie auch miteinander – wenn der Tod gerade eingetreten ist, auf dem Friedhof und am Ewigkeitssonntag.

Die „Pietà" Michelangelos weist über diese Gemeinschaft der Trauernden noch einen Schritt hinaus. So wie das Kreuzesgeschehen nur im Zusammenhang mit der Ostergeschichte zu sehen ist, so ist auch die Kreuzesabnahme aus dem Blickwinkel der nachösterlichen Gemeinde zu lesen. Das Kreuzesgeschehen und damit auch die Szene der Kreuzesabnahme und die Versorgung des Leichnams sind von hinten her nach ihrer Botschaft zu befragen. Michelangelo zeigt uns nicht nur den toten (historischen) Jesus, sondern auch den Christus, von dem wir bereits wissen, dass er auferstanden ist. Von daher erschließt sich dem Betrachter / der Betrachterin die „Pietà" Michelangelos als ein Bild der Hoffnung.

Die Solidarität des sympathischen Gottes im äußersten Leid führt zur Wiederherstellung des Lebens für die, die gestorben sind und für die, die zurückbleiben wie die beiden Frauen und Nikodemus und Michelangelo und jeden und jede, der oder die sein Werk staunend betrachten. „Gott aber hat den Herrn auferweckt und wird auch uns auferwecken durch seine Kraft." (1. Kor 6,14). Christus ist uns vorausgegangen. Er starb den Tod des Menschen in der grausamsten Weise, die man sich vorstellen kann. Insofern findet sich jeder Tod wieder in seinem Tod. Das, wenn auch von Zweifeln durchzogene Gottvertrauen richtet schließlich den Blick über den Tod hinaus auf die Wiederherstellung des Lebens am Ostertag, die durch die Christusgeschichte jedem Menschen bestimmt ist.

Michelangelos „Pietà" lässt sich nicht nur dem Karfreitag, sondern auch dem Ewigkeitssonntag – dem Gedenktag der Entschlafenen, dem Totensonntag – zuordnen. Das Werk zeigt die Abnahme

[13] C. Sala, Michelangelo, S. 184

des toten Christus vom Kreuz. Es zeigt die Menschen, die von diesem Tod betroffen sind. Weist uns der tote Christus an den Karfreitag, so können die Mutter Maria, Maria Magdalena und Nikodemus zu Identifikationsfiguren für die werden, die am Ewigkeitssonntag wie sie Schmerz und Trauer zu bewältigen haben. Die am Karfreitag aus der Distanz heraus gestellte Frage nach dem Grund des Kreuzes wird existenziell am Ewigkeitssonntag. In der Mitte steht die Verkündigung des sympathischen Gottes, dessen Ziel die Wiederherstellung des Lebens ist – in dieser und in der zukünftigen Welt.

Ostern – die Botschaft von der Auferweckung …

… antwortet auf die existenzielle Frage danach, was mit denen ist, die gestorben sind.

Textbezug:
Markus 16,1-8 / Matthäus 28,1-10 / Lukas 24,1-12 / Johannes 20,1-20

Wir feiern zu Ostern nicht die Wiederbelebung eines Toten! Nach den Evangelien (Mk 16,1-8; Mt 28,1-10; Lk 24,1-12; Joh 20,1-10) waren Frauen die ersten Zeuginnen der Auferweckung Jesu von den Toten. Weil das Grab ein Ort der Nähe zu dem Toten war, gingen sie dorthin. Die Frauen am Ostermorgen erfuhren: Der, dem sie nahe sein wollten, der war nicht in dem Grab – so sehr sie auch suchten in ihrem Kopf und in ihrem Herzen. Da war nichts. Erschrocken merkten sie: „Das Grab schickt uns weg!"

Was sich in den Geschichten vom Ostermorgen in Jerusalem so anhört, als wenn alles in Minutenschnelle klar gewesen wäre, hat in Wahrheit eine lange Zeit gebraucht. Zuerst erzählten die Frauen des Ostermorgens ihre Erfahrung weiter, den anderen Jüngerinnen und Jüngern und die erzählten wiederum weiter, was sie gehört hatten (Mt 28,10; Lk 24,9; Joh 20,2). Zwischen den Aufzeichnungen in den Evangelien und dem Ereignis selbst liegen mindestens 40 Jahre. Die Ostergeschichten sind Erfahrungsgeschichten, die in einem Zeitraffer erzählen, was geschehen war.

Das Erschrecken und die Enttäuschung darüber, dass sie den Freund auf dem Friedhof nicht gefunden hatten, brachte die Frauen in Bewegung.

Wo er war? Es wird nirgendwo berichtet, dass Jesus einem Gespenst gleich auf dem Friedhof hin und her gelaufen sei. Und dennoch haben die Frauen später erzählt, sie hätten den Herrn gesehen. Vorher hätte ein „Engel" (Mk 16,5 [Jüngling]; Mt 28,2-8 [Engel]; Lk 24,2-7 [zwei Männer in glänzenden Kleidern]) ihnen gesagt, dass er auferstanden sei.

Was hatten sie gesehen? Und was ist das mit dem „Engel"? „Ich glaube", sagte ein junges Mädchen in der 10. Klasse, „dass auch in mir ein Engel steckt! Nun muss ich schauen, wie ich für einen anderen Menschen zum Engel werden kann!"

Ich stelle mir vor, dass es ein Mensch war am Grab, der den Frauen die Erfahrung voraushatte, dass wir einen gestorbenen Menschen nicht auf dem Friedhof finden können. Sondern dass wir losgehen müssen, um seine Spuren dort zu finden, wo er gelebt hat. Die Worte, die er sagte; die Zeichen der Liebe, die er gab. Sie leben weiter. Mit dieser Aussicht schickte der Bote Gottes, zu dem jeder Mensch werden kann, die Frauen zurück ins Leben!

Und weil sie das nicht erwartet hatten, fürchteten sie sich so, wie alle Menschen sich fürchten vor der veränderten Zukunft, wenn ein Mensch gestorben ist. Zugleich atmeten die Frauen auf, weil sie spürten, dass das Leben weiter reicht als die Bilder des Todes, die noch in ihrer Seele brannten.

Der erste Schritt auf dem Weg von der Osterbotschaft hin zum Osterglauben ist das Aufatmen. Weil der Tod des Opas auch eine Erlösung war. Weil die Spuren der Mutter unvergänglich sind. Weil das schwarze Loch der Verlassenheit nur ein Teil des ganzen Lebens ist.

Genau in dem Augenblick, in dem sich die Hoffnung zerschlug, den gestorbenen Menschen auf dem Friedhof zu finden, leuchtete ein Satz in den Gedanken der Frauen auf: „Fürchtet euch nicht!" Oft hatten sie diese Worte von ihrem Freund gehört! Mit ihnen klangen auf einmal alle Worte des Lebens an, alle Worte des Trostes und der Zuversicht, die Worte der Liebe, die für sie zum tragenden Grund ihres Lebens geworden waren und einmündeten in die Botschaft: „Fürchtet euch nicht!" (Mk 16,6; Mt 28,10)

Jesus verknüpfte seine Worte oft mit Bildern aus seiner Lebenswelt – mit dem Wasser des Sees, mit den Blumen auf dem Feld und mit den Vögeln unter dem Himmel oder mit den Weizenkörnern in der Erde des Ackers. Deswegen heißt es in der Ostergeschichte, dass die Frauen schließlich zu diesen Orten eilten. Auch dort werden sie ihn nicht finden. Was sie aber in Galiläa finden werden, ist die Fülle der Lebensmöglichkeiten, auf die Jesus sie immer wieder aufmerksam gemacht hatte. Was sie in Galiläa finden werden, ist die Weite des Lebens – trotz der großen Trauer, die sie erfüllt. Weil sie das suchten und ahnten, rannten sie los.

Als Sinnbild für die Auferstehung mochte Jesus das Bild von den Weizenkörnern besonders gerne (Mk 12,24-26). „Mit der Auferstehung", sagte er, „ist es, wie mit einem Weizenkorn!" Mit mir wird es sein wie mit einem Weizenkorn! In eurem Leben ist es immer wieder so wie mit einem Weizenkorn! Es sieht klein und trocken aus, es ist wie tot – niemand kann glauben, dass daraus noch etwas wird! Selbst wenn ihr es in die Erde legt – erst einmal wird nichts passieren! Das ist wie im Leben! Alles, was aussieht und sich anfühlt wie tot, lässt keinen Menschen glauben, dass da noch etwas werden kann. Jeder Abschied, jedes schwarze Loch erzählt davon.

Doch dann ist es wie mit dem Weizenkorn. Nach Tagen des Wartens geht die Saat auf. Gleichsam über Nacht wächst der Weizen. Frisch und hell leuchtet der grüne Halm. „Mit der Auferstehung", sagt Jesus, „ist es wie mit einem Weizenkorn!" Mit jeder Auferstehung, die mit einem Aufatmen beginnt. Das sahen die Frauen am Ostermorgen. Nein, sie sahen nicht einen wiederbelebten Toten. Sie sahen mit den inneren Augen ihrer Seele. Ihnen wurde klar, dass es ein neues Leben nach der Todeserfahrung gibt.

Jesus lebt, weil seine Zeichen und seine Worte unvergesslich und ewig sind. Auferstehung geschieht auf eine doppelte Weise. Die Trauernden stehen auf zum Leben und der, der gegangen ist, lebt weiter durch sie. Und bei Gott, da sind die Toten geborgen. Wie? Das überlasse ich gerne Gott!

Christi Himmelfahrt – die Botschaft von der Rückkehr zum Vater …

… antwortet auf die existenzielle Frage nach der Standortbestimmung meines Lebensraumes. Was ist mir gegeben, was ist mir aufgegeben, wenn das Leben mich in eine neue Richtung führt? Was ist mir gegeben, was ist mir aufgegeben, wenn ich bewusst eine neue Richtung auf meinem Lebensweg wähle?

Textbezug:
Apostelgeschichte 1,6-8

Die Geschichte von der Himmelfahrt Christi öffnet das Leben in die Zukunft hinein – in die eine und in die andere Richtung (Apg 1,6-8).

Für den, der gestorben und auferstanden ist, öffnet sich am Tag der Himmelfahrt das Leben in die ewige Zukunft bei Gott hinein: „von euch weg gen Himmel aufgenommen" (Apg 1,11). Wie es und was dort sein wird, bleibt offen. Die Gewissheit allein genügt im Blick auf diese Richtung.

Der Blick in die andere Richtung gilt den zurückbleibenden Jüngerinnen und Jüngern. In der Geschichte von der Himmelfahrt Jesu Christi ist ihre Betroffenheit noch zu spüren. So wie immer nach dem Tod eines Menschen den Angehörigen die Trauer eine ganze Weile anzumerken ist. 40 Tage hatte es gebraucht, bis die Jüngerinnen und Jünger bereit waren, Augenzeugen der Himmelfahrt dessen zu werden, der für sie mit seinem Leben, mit seinen Ideen und mit seiner Zeitgestaltung zum Inhalt ihres Daseins geworden war. Die Zahl 40 ist eine Zahl, die für die Vollendung steht. Erst muss die eine Abschiedszeit vollzogen sein, dann wird Neues entstehen.

Die Geschichte von der Himmelfahrt des Christus gönnt den Menschen Zeit für die Trauer. Zugleich enthält sie die Botschaft vom lebensdienlichen Loslassen. Im Volksmund hat sich diese Botschaft zu einer einfachen Weisheit geformt: „Das Leben geht weiter!" Menschen sagen diesen Satz mit dem Gefühl von Abschiedsschmerz und zugleich mit dem Gefühl einer lockenden Zukunftsperspektive.

„Von euch weg gen Himmel aufgenommen". Diese tröstende Gewissheit befreit dazu, sich nach einem erfahrenen Daseinsbruch dem Leben wieder zuzuwenden und alle Erfahrungen einzubringen, mit dem der zu Ende gehende Abschnitt der Zeit das eigene Dasein bereicherte.

In der Himmelfahrtsgeschichte entlässt Gott die, die auf der Erde zurückblieben, in die Freiheit. In dieser Freiheit des Lebens, so sagt es die Botschaft des Berichtes, mussten die Jüngerinnen und Jünger die Verantwortung für ihr Dasein, für ihr Denken und Tun nun selbst übernehmen. Christus schickte sie in die Eigenständigkeit hinein. Sie sollten jetzt ohne ihn mit beiden Beinen auf der Erde und aufrecht im Leben stehen. „Ihr Männer von Galiläa, was steht ihr da und seht zum Himmel?" (Apg 1,11).

Christliche Existenz nach der Himmelfahrt des Christus bedeutet an allen Wendepunkten unseres Lebens – an denen, die uns zugemutet werden genauso wie an denen, die wir bewusst wählen – Zuspruch und Anspruch zugleich. Die lehrenden und mahnenden Worte, die Zeichen der Freundschaft, die zukunftsweisenden Gesten der Menschlichkeit, mit denen Christus die ihm anvertrauten

Menschen die Nähe Gottes spüren ließ, die werden weiter lebendig sein. Sie werden uns in alle Zukunft hinein zu begabten Menschen machen – konfrontiert mit den Aufgaben des Lebens, die uns täglich in neue Entscheidungen stellen.

Pfingsten – die Botschaft von der Ausgießung des Heiligen Geistes …

… antwortet auf die existenzielle Frage, wo und in welcher Weise Gott da ist und was sein Da-Sein für einen Menschen bewirkt.

Textbezug:
Apostelgeschichte 2,1-18

Die Pfingstgeschichte berichtet, wie sich hoffnungslose Leere in ausgelassene Freude verwandelt. Eben noch im Schockzustand der Trauer um den toten Freund gewinnen die Jüngerinnen und Jüngern einen Blick für die Weite des Lebens. Petrus war der Erste, der klare Worte fand. Eben noch sprachlos vor Trauer, lieh er sich die alten Worte des Propheten Joel aus, um die eigene Sprachlosigkeit angesichts der Karfreitags-Katastrophe zu überwinden.

> „Und es soll geschehen in den letzten Tagen, spricht Gott, da will ich ausgießen von meinem Geist auf alles Fleisch; und eure Söhne und eure Töchter sollen weissagen, und eure Jünglinge sollen Gesichte sehen, und eure Alten sollen Träume haben;
>
> und auf meine Knechte und auf meine Mägde will ich in jenen Tagen von meinem Geist ausgießen, und sie sollen weissagen.“
>
> (Apg 2,17-18 nach Joel 3,1+2)

Mit diesen vom Propheten Joel geliehenen Hoffnungsvisionen lockte Petrus seine Zuhörerinnen und Zuhörer in die Nähe Gottes. Auch wenn er selbst noch voller Zweifel war, in der Tiefe seines Herzens lebte der Funke der Hoffnung, dass sich die Tür zum Leben wieder öffnen könnte. Die Hoffnung stirbt zuletzt – jedenfalls die, die mit Gott in Beziehung steht.

Pfingsten gibt dieser hoffnungsvollen Beziehung zu Gott einen Namen. Das Fest nennt ihn Gottes Geist.

Zu sehen, mit den Händen zu greifen ist er nicht. Der Geist bleibt für uns unverfügbar. Alle Bilder von ihm sind wie ein vorbeischwebender Hauch. Das muss so sein. Wenn der Geist uns verfügbar wäre, dann könnte er nicht der Geist Gottes, also nicht der Heilige Geist sein.

Seine Unverfügbarkeit ist dem göttlichen Geist angemessen. Der Geist gehört nicht zu einem bestimmten Charakterzug, er gehört nicht zu einem bestimmten Gesicht. Er ist nicht für eine bestimmte Altersgruppe zuständig oder die Belohnung für eine Lebensleistung.

Der Geist Gottes ist so weit und so vielseitig, wie die Menschen weit und vielseitig und übrigens auch einander unverfügbar sind. Keiner kann über den anderen verfügen so, wie man über die Verwendung einer Schachtel verfügen kann. Der Geist ist die besondere Weise bei einem anderen und zugleich bei sich selbst zu sein.

Der Prophet Joel zählt die Menschen in ihrer Verschiedenheit auf. Die einen, denen das Gehen schon schwerfällt und die anderen, die endlich an die Spitze des Erfolgs klettern möchten. Die einen, die es gewohnt sind, den Ton anzugeben und die, die gelernt haben, lieber den Mund zu halten. Die Kühl-Distanzierten und die, die stets zur Umarmung bereit sind. „Der liebe Gott hat einen großen Tiergarten!“ sagt eine Redeweisheit. „Und wenn Sie jetzt in diesem einen Augenblick einen unverwechselbaren Zug ihrer Persönlichkeit der bunten Vielfalt der Menschen hinzufügen, dann passt der genau zu ihnen, aber er passt nicht zu ihrer besten Freundin und zu ihrem ärgsten Gegner passt dieser ihnen eigene Charakterzug natürlich schon gar nicht!“[14]

Wir sind nicht alle gleich, und das Pfingstfest will uns auch gar nicht dazu machen – auch wenn es oft als das große Versteh-Fest deklariert wird, das die Unterschiede zwischen den Menschen verwischt. Jeder mit jedem und alle für einen! Ein so gelebtes Einerlei wird der Würde des Menschen nicht gerecht. Der Geist Gottes ist jedem Menschen in seiner Individualität zugedacht, damit dieser eine Mensch zu sich selber stehen kann. Zu seinen Stärken und zu seinen Verrücktheiten, zu seinen Emotionen und zu seinen unerwünschten Verhaltensweisen.

Die Rede vom Geist Gottes beschreibt ein Lebensprinzip. Gott ist bei dem einen Kind, das sich schwer tut, genauso, wie bei sich selbst. Er ist bei dem einen jungen Mann aus Ghana genauso, wie bei sich selbst. Gott ist bei der alten Frau in der Kittelschürze im Altenheim genauso, wie bei sich selbst. Gott ist bei dem alten Mann mit dem Stock und bei dem Ausgeflippten mit dem Piercing in der Nase und bei dem jungen Mädchen mit den grünen Strähnen genauso, wie bei sich selbst. Gott ist bei dem Kühl-Distanzierten und bei dem, der immer alle gleich umarmt und auf die Wange küsst genauso, wie bei sich selbst! Die Gegenwart Gottes ist die Botschaft des Pfingstfestes 50 Tage nach Ostern. (πεντηκοστός = griech., der 50. [Tag nach Ostern])

[14]Zitat aus einer Pfingstpredigt am Pfingstsonntag 2010 in der Ev. Versöhnungskirche in Salmünster-Bad Soden

Trinitatis – die Botschaft der Lehre vom dreieinigen und dreifaltigen Gott …

… antwortet auf die existenzielle Frage nach Gottes Gegenwart im Leben der Menschen.

Textbezug:
Matthäus 28,19; 1. Korinther 13,13

Gott, der Schöpfer, schenkt uns das Leben.

Gott, der Sohn, begleitet uns in den Höhen und Tiefen des Lebens.

Gott, der Heilige Geist, tröstet uns, wenn wir des Trostes bedürfen.

„***Die Trinitätslehre*** ist nicht durch biblische Texte vorgegeben, sondern erst von der Alten Kirche in den ersten nachchristlichen Jahrhunderten entwickelt worden. Zwar gibt es in der Bibel (neben den zahlreichen dyadischen [Gruß]-formeln, in denen Gott [der Vater] und Jesus Christus genannt werden: z.B. 1. Thess 1,1; 1. Kor 1,3; 2. Kor 1,2; Gal 1,3; Phil 1,2; Röm 1,7; Eph 1,2; 1. Tim 1,2; 2. Joh 3.) die beiden triadischen Formeln, in denen „Jesus Christus, Gott und Heiliger Geist" bzw. „Vater, Sohn und Heiliger Geist" neben- und miteinander genannt werden **(2. Kor 13,13 u. Mt 28,19)**, aber auch diese Formeln enthalten noch keine Trinitätslehre; denn sie sagen nichts darüber aus, in welchem Verhältnis Vater, Sohn und Heiliger Geist zueinander stehen. [Ansätze zu einer solchen Verhältnisbestimmung finden sich jedoch z.B. in Joh 15,26, wo vom Geist der Wahrheit gesagt wird, er gehe vom Vater aus, werde vom Sohn gesandt und gebe von ihm Zeugnis.]"

Zitat: W. Härle, Dogmatik, 3. Aufl., Berlin 2007, S. 385

Auch wenn die Trinitätslehre nicht biblisch vorgegeben ist, in der Lehre vom dreieinigen Gott wird der in Exodus 3,14 offenbarte Gottesname konkret und greifbar: „Ich werde sein, wo du bist in der Vielfalt des Lebens mit der Vielfalt meines Wirkens!" Der Gottesname füllt sich mit Leben. Die Geschichte des Christus zeigt, wie Gott ist und was Gott tut. Sie wird durch den Heiligen Geist zu seiner Geschichte mit uns und zu unserer Geschichte mit ihm. In der Geschichte des Christus wird aus „Ich werde sein, der ich sein werde!" der andere Gottesname „Immanuel" – „Gott mit uns!"

Die geometrische Form des Dreiecks wurde zum Symbol für die drei Personen des dreieinigen und dreifaltigen Gottes. Wir finden es zum Beispiel in den Baldachinen alter Kirchenkanzeln, in denen das Dreieck ein Auge umgibt. Es erinnert an den über uns wachenden Gott und daran, dass wir eingebunden sind in das dreifaltige Wirken der drei Personen unseres Gottes. Das folgende Schaubild entstand in zwei Religionskursen im Gespräch mit Schülerinnen und Schülern in der 12. und 13. Jahrgangsstufe zu den Themen „Jesus Christus nachfolgen – Tod und Auferstehung" und „Nach Gott fragen – der Gott des Christentums".

Der dreieinige Gott
Wer ist er, was tut er?

Gott, der Vater

Gott, der Schöpfer

יהוה (Tetragramm = „Vierfachzeichen“) Ex 3,14 „Ich werde sein, der ich sein werde!“ „Ich bin, der ich bin!“ „Ich bin da!“ *HERR* (so übersetzt Martin Luther)

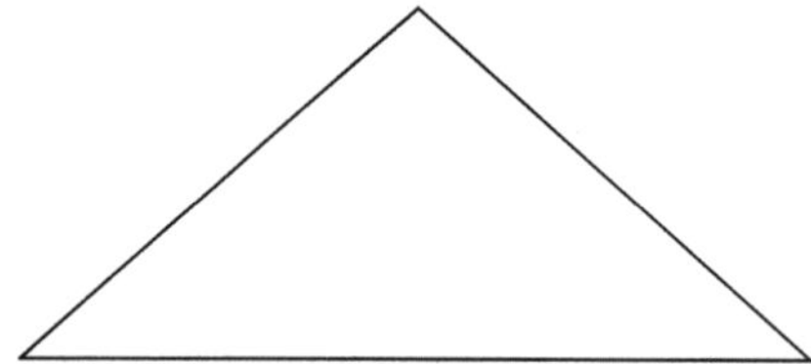

Gott, der Sohn

Gott, der / die Begleiter(in)

Gott, der / die Freund(in)

Kreuz und Auferstehung
Der Blick auf das Kreuz zeigt uns, in welcher Art und Weise und in welchen Lebenssituationen Gott an der Seite der Menschen ist, die ihr Kreuz zu tragen haben (Mt 27,3-56 / Mk 15,20b-40 / Lk 23,32-49 / Joh 19,16b-37). Es sind vor allem die Worte Jesu in Joh 19,26+27, die mitten in der Todeserfahrung das Leben sehen, das weiter geht! Diese beiden Verse weisen hin auf die Auferstehung derer, die zurück auf der Erde bleiben. Sie leben, weil Christus lebt. (Mk 16,1-8 / Mt 28,1-10 / Lk 24,1-11 / Joh 20,1-10 und 11-18).

Gott, der Heilige Geist

Gott, der / die Tröster(in)

Pfingsten
Gottes Geist befähigt Menschen, ihre Gaben auszuschöpfen (Apg 2,1-12). Die Realität des Heiligen Geistes hat ihre inhaltliche Wurzel in der Abschiedsrede Jesu: „Ich lebe und ihr sollt auch leben.“ … „Aber der Tröster, der Heilige Geist, den mein Vater senden wird, der wird euch alles lehren.“ (Joh 13-17 / Joh 14,19+14,26). Der Heilige Geist als der lange Atem Gottes bindet uns ein in die Christusgeschichte und öffnet unser Leben in jeder Richtung auf Zukunft hin.

Reden vom dreieinigen Gott mit einem Symbol

Textbezug:
2. Korinther 4,6; Lukas 15,11-32

Das Nachdenken über das dreifaltige Wirken des dreieinigen Gottes öffnet uns den Blick für die Vielfalt der Lebensmöglichkeiten, die in uns angelegt sind. Ein Bild dafür ist eine kleine Pyramide aus hellem, geschliffenem Glas. Je nachdem, aus welchem Blickwinkel ich sie betrachte oder je nachdem, wie das Licht und die Strahlen der Sonne sich an ihrer Oberfläche brechen, verändert die Pyramide ihren Glanz. Farben und Formen entstehen vor meinen Augen. Ein Spiel mit dem Licht, ein Spiel mit dem Glanz. So wie das Leben ein Spiel ist mit Farben und Formen, mit dem Licht, das für mich scheint oder das sich gerade hinter dicken Wolken verborgen hält.

Natürlich erinnert die kleine Pyramide aus Glas an die gigantischen, ägyptischen Pyramiden von Gizeh und an die Gedanken, die ihre Erbauer bewegten.

Die Pyramiden sind einzigartige Bauwerke, mit denen sich die Menschen alter Zeiten mühsam den Weg hinauf zu ihren Göttern bahnen wollten. Wir haben Glück! Wenn wir uns auf den Weg zu Gott machen, dann kommt er uns entgegen. Der Weg unseres Gottes führt von der Spitze der Pyramide hinunter zu uns auf die Erde – da wo wir leben.

Die Geschichte vom verlorenen Sohn erzählt es uns ganz genau. Der Vater läuft dem abenteuerlustigen Sohn entgegen, der das Leben am liebsten mit „Abhängen" verbrachte – so ganz allein und immer machen können, was man will – und der dabei die Bodenhaftung verloren hatte. Wie dieser Vater ist Gott, der immer wieder herunterkommt von ganz oben, wo wir ihn in der Ferne vermuten. Wie der Vater ist Gott, der uns entgegenläuft und uns eine neue Chance eröffnet. Gott begegnet uns in den Menschen, die sich verhalten wie der Vater dieses Sohnes, der noch nicht so ganz verstanden hatte, worauf es im Leben ankommt. „Es wird schon noch!", sagt Gott mit großer Geduld. Sagt der Vater und geht mit gutem Beispiel voran! Offen und zugewandt, aber gradlinig und aufrichtig und klar – wie die Linien der Pyramide sind.

Ich glaube, Unklarheit ist das, was Gott am allerwenigsten leiden kann. So gradlinig und offen heraus, wie Jesus Christus mit den Menschen geredet hat, so möchte Gott uns haben. „Eure Rede aber sei: Ja, ja; nein, nein." Diese Gradlinigkeit gab Jesus seinen Jüngerinnen und Jüngern mit auf den Weg. „Was darüber (dazwischen und dahinter und hinten herum ist) ist, das ist von Übel." (Mt 5,37).

Leuchtend, glänzend, klar. Das Quadrat, auf dem die Pyramide steht, gibt Halt, weist mit der ihr eigenen Vierzahl auf die Vollkommenheit, nicht damit wir meinen, wir müssten vollkommen sein. Sondern anders, auf dem Hintergrund der Gottebenbildlichkeit der Menschen in dem Sinne, dass vom dreifaltigen Wirken des dreieinigen Gottes her ein Glanz über unserem Leben liegt. "Gott, der sprach: Licht soll aus der Finsternis hervorleuchten, der hat einen hellen Schein in unsre Herzen gegeben!" (2. Kor 4,6).

„Im Namen des Vaters und des Sohnes und des Heiligen Geistes“, beginnen wir den Sonntagsgottesdienst und alle Gottesdienste, die wir an den Wendepunkten unseres Lebens feiern. Den dreieinigen Gott, der uns erschaffen hat, der uns begleitet und tröstet, den rufen wir damit in unsere Nähe und sagen ihm damit unsere Nähe zu. Wie das Licht der kleinen Glaspyramide unser Licht und das Licht Gottes glasklar in allen Farben und Formen in alle vier Ecken der Welt hineinleuchten zu lassen, das ist der Sinn der Rede vom dreieinigen und dreifaltigen Gott. Abwarten und Tee trinken, führt nicht weiter. Sich zurücklehnen und nehmen, wie es kommt, oder den Weg des geringsten Aufwands gehen – das alles vernebelt die Strahlkraft des Glanzes, der von Gott her über unserem Leben liegt.

Diesen Glanz zum Leuchten zu bringen, das ist unsere lebenslange Berufung!

Kommen wir also nie an? Doch! Es gibt Stunden, in denen wir einig mit uns selbst, mit Gott und mit der Welt und glücklich sind! „Mit beiden Händen in der Wäsche“ sozusagen, dabei mit einem Lächeln im Gesicht und einer fröhlichen Melodie auf den Lippen. Ich glaube, dass Gott mich zu solchen Augenblicken führt. Die glänzende Pyramide aus Glas erinnert mich daran. Sie überholt – sie renoviert – mein Gottvertrauen, immer wieder neu auf dem langen Weg des Lebens. „Ich bin angekommen!“ Das bin ich auch, wenn ich Gott in meine Nähe rufe – an den Tagen, wo er verreist zu sein scheint oder vielleicht krank oder sogar unfähig.[15] Ich glaube, dass Gott immer wieder zu mir zurückkommt.

Woher ich das weiß? Und woher ich die Idee mit der Pyramide habe?

Das Wissen kommt aus der Bibel, aus dem Hören auf den Vers von Gottes hellem Schein in unseren Herzen.

Meine Geschichte mit der Pyramide entstand vor vielen, vielen Jahren im Haus eines alten Lehrers, der meine Arbeit als Kirchenältester begleitete. Als ich ihn eines Tages in seinem Haus besuchte, entdeckte ich mehrere kleine Pyramiden aus buntem Glas auf der Fensterbank in seinem Wohnzimmer. Weil ich sie bewunderte, schenkte er mir eine davon. Sie steht seitdem im Bücherregal neben meinem Schreibtisch. Oft fällt mein Blick auf diese Pyramide von damals. Beständig, aber auch immer wieder anders durch das Licht, das sich in ihr bricht, ist sie zu meinem Symbol für das dreifaltige Wirken des dreieinigen Gottes geworden. Vermittelt durch den Kirchenältesten, der mir einst seine Pyramide schenkte. Es sind die Menschen, die Gottes Worte sagen und seine Zeichen tun.

[15] D. Sölle, Stellvertretung, S. 150f

Reformationstag – die Botschaft des 31. Oktobers …

… antwortet auf die existenzielle Frage, wie Gott zum Menschen steht.

Textbezug:
Römer 1,17

Die Theologin Elisabeth Moltmann-Wendel hat vor vielen Jahren den Inhalt des reformatorischen Bekenntnisses in die Sprache und in die Welt junger Christinnen hinein übersetzt. Während eines Seminars war ihr war aufgefallen, wie schwer es den jungen Frauen fiel, sich von Gott angenommen zu wissen mit allem Guten und mit allem vermeintlich Schlechtem an ihrer Person. Sie erinnerte sich an eine Grundüberzeugung unseres Glaubens, die Martin Luther sehr früh in seinem evangelischen Denken in der 28. These der Heidelberger Disputation (1518) formuliert hatte: „Die Sünder sind schön, weil sie geliebt werden!"

Diese reformatorische Erkenntnis übersetzte Elisabeth Moltmann-Wendel in die Lebenswirklichkeit ihrer Zuhörerinnen hinein: „Ich bin gut, ganz und schön!" „Sie horchten auf!", schrieb sie in ihr Tagebuch. „Manchen blieb der Mund offen."[16]

Mit der jährlichen Erinnerung an die Entdeckung Martin Luthers: „Der Gerechte wird aus Glauben leben!" (Röm 1,17) frischen wir diese Selbstvergewisserung auf. Man muss in die griechische Sprache zurückgehen, um zu verstehen, warum dieser Satz Martin Luther aufatmen ließ und ihm Ruhe schenkte. „Glauben" heißt übersetzt „vertrauen". Es geht also um eine Lebenshaltung, nicht um einzelne gute Taten, mit denen sich jemand bei Gott ins rechte Licht rücken könnte. „Der Gerechte wird aus Glauben leben." (Röm 1,17). Wenn alle sagen, ich müsste noch mehr, noch weiter, noch besser, noch höher hinaus – es gibt Gott! Und der sagt: „Du bist gut, ganz und schön!"

„Das kann wohl nicht jeder von sich behaupten!" war die spontane Reaktion einer Schülerin in einer 10. Klasse. Sie hat insofern recht, als man sich die Selbstvergewisserung nicht durch Geschicklichkeit und gute Leistungen erwerben kann. Diese Gewissheit wird uns geschenkt.

Bausteine

Manchmal ist es hilfreich, den Inhalt der christlichen Botschaft mit allen unseren Sinnen zu begreifen. Jede Schülerin, jeder Schüler bekam zum Nachdenken über Martin Luthers Rechtfertigungslehre je einen Baustein aus meiner Legostein-Kiste, bunt gemischt entsprechend der Farben der Bausteine auf einem Arbeitsblatt, die ich der Rechtfertigungslehre Martin Luthers zugeordnet hatte. Den nun eigenen, einzelnen Legobaustein mit eigenen Bausteinen aus der Lego-Kiste zu Hause zu vervollständigen, war ein Hinweis, der die Schülerinnen und Schüler motivierte, mit den Bausteinen weiter umzugehen und sich mit ihrer Hilfe den Inhalt der reformatorischen Theologie zu erschließen. Sie selbst kamen auf die Idee, gleich im Unterricht zu erkunden, wer aus der Gruppe

[16] E. Moltmann-Wendel, Wer die Erde nicht berührt, …, Seite 182ff

des Religionskurses den eigenen Baustein zum vierfachen „solus“ ergänzen könnte. Es entstanden lebendige Gespräche darüber, wie Menschen und Gott einander ergänzen können!

Die vier Bausteine des evangelischen Glaubens
Die Rechtfertigungslehre Martin Luthers

1. Sola scriptura – allein durch die Schrift

Die Bibel ist Gottes einmalige Offenbarung in der Geschichte der Menschen. Deshalb ist sie die Grundlage aller Theologie. Die Bibel allein ist der Maßstab für alles kirchliche Handeln, Denken und Entscheiden in unserer evangelischen Kirche. Martin Luther forderte, dass sich jedes Dogma, jeder Konzilsbeschluss, jede päpstliche Lehraussage an der Botschaft der Heiligen Schrift messen lassen muss. „Denn was ohne Schriftgrundlage oder ohne erwiesene Offenbarung gesagt wird, mag wohl als eine Meinung hingehen, muss aber nicht notwendig geglaubt werden.“[17]

2. Sola gratia – allein durch die Gnade

Die Gnade Gottes („Rast, Ruhe“ – so die Bedeutung des deutschen Wortes) ist ein Geschenk. Die Freundschaft Gottes kann ich mir nicht durch gute Werke verdienen. Die Beziehung zu Gott lebt von „innerlichem Vertrauen“. „Denn dieses macht rechte, lebendige Gotteskinder, jenes macht nur ärgere Abgötterei und die schädlichsten Heuchler, die auf Erden sind.“ Oder kürzer ausgedrückt: „Das Gesetz sagt: <Tue das>, und es geschieht doch niemals. Die Gnade sagt: <Glaube an den>, und schon ist alles getan.“[18] In der 28. These seiner Heidelberger Disputation (1518) hat Luther seine Rechtfertigungslehre so formuliert: „Die Sünder sind schön, weil sie geliebt werden.“ Mit anderen Worten: „Ich bin gut, ganz und schön“. [19]

3. Sola fide – allein durch den Glauben

Es ist allein der Glaube (griech. πίστις „Vertrauen“), der den Menschen in die Nähe Gottes rückt und ihn der Zuwendung Gottes vergewissert. Das ist der Inhalt der Rechtfertigungslehre, mit der nach Martin Luther die Kirche steht und fällt. „Wie Röm 3,28 Paulus spricht: Wir halten dafür, dass der Mensch gerecht werde ohne Werke des Gesetzes, durch den Glauben. Von diesem Artikel kann man in [nichts] weichen oder nachgeben, es falle Himmel und Erde [...].“[20]

4. Solus Christus – allein durch Christus

Im Geborenwerden, Leben, Wirken, Sterben und in der Auferweckung des Christus zeigt Gott sein menschliches Gesicht. Gott lässt sich anfassen. Gott zeigt seine Solidarität und seine Sympathie, seine Freundschaft zu den Menschen. Christus zeigt, wie Gott ist. Christus ist „ein Spiegel des vä-

[17] LD, Die Werke Martin Luther ..., Bd. 2, Der Reformator, S. 180
[18] LD, Die Werke Martin Luthers ..., Bd. 2, S. 105 u. Bd. 1, S. 392
[19] E. Moltmann-Wendel, Wer die Erde nicht berührt, ..., S. 182ff
[20] LD, Die Werke Martin Luthers ..., Bd. 3, S. 393

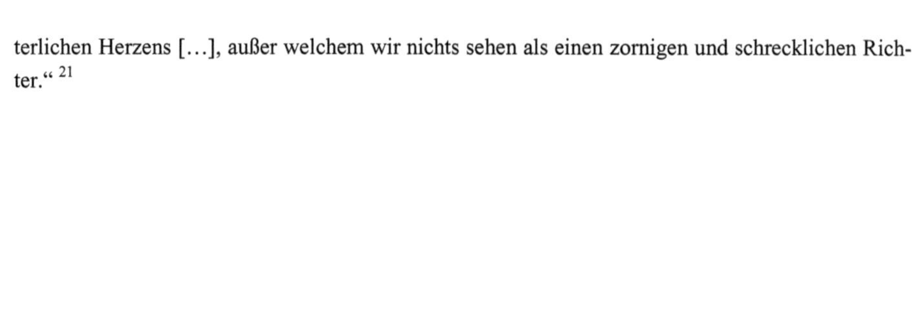

terlichen Herzens […], außer welchem wir nichts sehen als einen zornigen und schrecklichen Richter.“ [21]

[21] LD, Die Werke Martin Luthers …, Bd. 3, S. 92

Die Botschaft des Lebens und Wirkens Jesu Christi …

… antwortet auf die existenzielle Frage danach, wie wir unser Leben deuten und besser verstehen können. „Blinde sehen und Lahme gehen … " und „Siehe, das Reich Gottes ist mitten unter euch!"

Mit zwei Gleichnissen und dem Hinweis
auf ein Senfkorn beantwortet Jesus die Frage,
wo das Reich Gottes zu finden ist.

Textbezüge:
Matthäus 13,44-46; Lukas 7,22; Lukas 17,21

Das Himmelreich findet auf der Erde statt! Du erlebst es dort, wo Menschen zu dir Gottes Worte sagen! „Du bist ein Schatz!" Solche Worte sind mehr wert als alles Geld und Gold der Welt. Das Himmelreich gleicht einem Schatz, der in einem Acker versteckt war. Ein Mensch fand ihn. Er freute sich riesig und verkaufte alles, was er hatte, und kaufte den Acker (Mt 13,44)! Oder: Das Himmelreich gleicht einem Kaufmann, der eine kostbare Perle fand. Er verkaufte alles, was er hatte und kaufte diese eine Perle (Mt 13,45-46)!

Gottes Worte kleiden sich in Menschenworte. Die können so kostbar sein wie die eine Perle, für die der Mensch im Gleichnis Jesu alles verkaufte, was er hatte, um sie zu besitzen. „Ich würde alles dafür geben, wenn ich einmal von dir hören würde, dass ich ein Schatz bin!" So könnte das Gleichnis vom Himmelreich heute lauten.

„Du bist ein Schatz!" Diese Botschaft ragt heraus aus den alltäglichen Botschaften, die unsere Schritte lenken und die versuchen, uns auf einen guten Weg zu bringen. Ohne Fleiß kein Preis! Erst die Arbeit, dann das Vergnügen! Wer zu spät kommt, den bestraft das Leben! Nur der Wille zählt! Was du heute kannst besorgen, verschiebe nicht auf morgen! Besieg den inneren Schweinehund! Der Apfel fällt nicht weit vom Stamm! Wer den Pfennig nicht ehrt, ist des Talers nicht wert! Der frühe Vogel fängt den Wurm! Und schließlich ein Familienspruch, der so anfängt und für den es viele verschiedene Fortsetzungen gibt: „Solange du die Füße unter meinen Tisch stellst, ...!"

„Du bist ein Schatz!" Dieser Spruch fühlt sich anders an als die, die wir sonst zu hören bekommen. Das ist ein Spruch zum Genießen! Er atmet eine große Freiheit. Er atmet Kraft und Stärke.

Wenn Jesus vom Himmel erzählte, hat er nicht an die Wolken und nicht an die Sterne und nicht an das Weltall gedacht. Für Jesus fängt das Reich Gottes auf der Erde an. Jesus hat das Reich Gottes mit ganz alltäglichen Dingen verglichen, wenn er die Aufmerksamkeit der Menschen auf das Reich Gottes lenken wollte. Eines Tages hat er ihnen ein Senfkorn gezeigt. Die Leute schauten ihn ungläubig an. Jesus unterbrach ihr Staunen und sagte: „Das Himmelreich gleicht einem Senfkorn, das ein Mensch nahm und auf seinem Acker säte. Das Senfkorn ist das kleinste unter allen Samenkörnern. Wenn es aber gewachsen ist, dann ist es größer als alle Kräuter und wird ein Baum, sodass die

Vögel kommen und in ihm ihre Nester bauen.“ (Mt. 13,31+32). So ist es auch mit dem Himmelreich. Es beginnt winzig klein und wächst von ganz allein.

Und weil die Leute nicht immer gleich verstanden, was er sagen wollte, und immer noch nicht genau wussten, wo sie nun den Himmel suchen sollten, redete Jesus noch weiter: Das Reich Gottes kommt nicht so, dass man es beobachten kann. Man kann auch nicht sagen: Hier ist es! Oder – da ist es! Passt auf! Das Reich Gottes ist mitten unter euch (Lk 17,20+21)! In der Welt hat der Mensch Anteil an der ewigen Herrschaft Gottes.

Jesus entfaltet das Evangelium vom Reich Gottes
in der Bergpredigt: „Selig sind die Armen,
denn ihrer ist das Himmelreich.“

Textbezug:
Matthäus 5–7; Matthäus 5,3

Das Evangelium vom Reich Gottes gilt besonders den Armen, den Kranken, den Hungernden, den Entmutigten und den Leidtragenden [Siehe: Lk 14,21-23; Mt 11,2-5; Lk 6,21; Mt 5,40; Lk 12,58; Mt 18,23-25 / Mögliche Aufgabe: Erstellen Sie ein Profil der „Armen“ anhand dieser Textstellen!].[22] Gott ist jetzt – nicht irgendwann an ihrer Seite, wird arm wie sie. „Die Jüngerinnen und Jünger sollen barfuß, ohne Vorräte, als Bettler und heimatlos ausziehen und das Evangelium den Armen verkünden (Mt 6,25-33).“[23] Beispiel: Franz von Assisi!

Was bringt den Armen die Sympathie Gottes? „Gewiss noch nicht das Ende des Hungers und die Fülle eines reich gesegneten Lebens, aber schon eine neue Würde. Die Armen, Sklaven und Prostituierten sind nicht länger die passiven Objekte der Unterdrückung ..., sondern Subjekte mit der Würde der ersten Kinder Gottes. Das Evangelium bringt ihnen weder Bohnen noch Reis, wohl aber die Gewissheit ihrer unzerstörbaren Würde in Gottes Augen [vgl. D. Sölle, Die Zukunft der Armen, in: Gottes Zukunft – Zukunft der Welt. München 1986, S. 404-413].

Mit diesem Bewusstsein können sich Arme, Sklaven und Prostituierte aus dem Staub erheben und sich selbst helfen. Sie übernehmen nicht länger das Wertsystem ihrer Ausbeuter, nach welchem nur ein Reicher ein wirklicher Mensch ist, die Nichtreichen hingegen ‚Versager‘ sind, die es im Lebenskampf nicht geschafft haben. Die Verinnerlichung des Wertsystems der Herrschenden durch die Armen ist ein schweres Hindernis ihrer Selbstbefreiung. Sie macht die Armen selbstzerstörerisch und erzeugt in den Armen Selbsthass. Das Evangelium vom Gottesreich, das vor allem den Armen gehört, überwindet diesen Selbsthass und richtet die Armen auf, sodass sie mit ‚erhobenem Haupt‘ leben und mit ‚aufrechtem Gang‘ auftreten können: Gott ist auf ihrer Seite, und ihnen gehört die Zukunft Gottes. ... Nimmt man das Evangelium Jesu und die erste Seligpreisung (Mt 5,3) zu-

[22] Vgl. J. Moltmann, Der Weg Jesu Christi, S. 119
[23] J. Moltmann, Der Weg Jesus Christi, S. 120

sammen, dann bricht das Reich Gottes im verkündigten Wort und in den Armen an, also in der Wechselwirkung zwischen Jesus und dem Volk. … Die Armen sind seine Familie.“[24]

Wie Jesus das Reich Gottes den Armen verkündete, so wendete er die Kraft Gottes den Kranken zu. Auch die Heilungsgeschichten sind Geschichten der Wechselbeziehung zwischen Jesus und den glaubenden [vertrauenden] Menschen. Jesus ist auf den Glauben der Menschen angewiesen, wie sie auf die Kraft angewiesen sind, die von Jesus ausgeht. [25]

Gott ist in Beziehung – oder er ist gar nicht. Deswegen nennen Menschen Gott ihren himmlischen Vater oder entdecken mütterliche und weibliche Züge im Reden von Gott.

Von diesem Gott, der wie Vater und Mutter,
wie Bruder und Schwester zu uns steht,
erzählt die Geschichte von der verkrümmten,
verkümmerten Frau

Textbezug:
Lukas 13,10-17

Eigentlich erzählt die Geschichte von dieser Frau zwei Geschichten. Die eine Geschichte in der Geschichte erzählt, wie Gott zu uns steht. Und die andere, was mit einem Menschen passiert, zu dem niemand steht.

Natürlich könnte ich einfach sagen, die Frau hatte sich krumm und buckelig geschafft und Jesus half ihr zur Besserung, indem er ihre Rückenprobleme behandelte und heilte. Konnte er ja, weil er Gottes Sohn ist! Dann wäre diese Geschichte vor ewig langer Zeit so geschehen, aber das wäre gestern gewesen, und ich war nicht dabei. Weil ich aber fest davon überzeugt bin, dass wir in all‘ den Geschichten aus der Bibel mitten drin sein müssen, wenn sie uns heute etwas sagen sollen – vom kalten oder vielleicht doch auch vom warmen Licht Gottes – möchte ich die Geschichte mit anderen Augen lesen.

Dass die Frau sich krumm und buckelig geschafft hätte, steht in der Geschichte nicht. Dass sie eine kaputte Wirbelsäule oder einen Bandscheibenvorfall hatte, steht in der Geschichte auch nicht. Da steht: „Und siehe, eine Frau war da, die hatte seit achtzehn Jahren einen Geist, der sie krankmachte; und sie war verkrümmt und konnte sich nicht mehr aufrichten.“ Später in der Geschichte ist noch vom Satan die Rede, der die Kräfte der Frau an sich gebunden hatte. Also davon, dass sie fremd bestimmt ihr Leben lebte.

Mir fällt auch auf, dass die Frau allein bei Jesus war. Allein unter vielen im Synagogengottesdienst. So wie wir ganz allein sein können in einer Menge von Leuten. Jesus schien eher zufällig auf sie aufmerksam geworden zu sein. Oder vielleicht deshalb, weil er einen besonders scharfen Blick für

[24] J. Moltmann, Der Weg Jesus Christi, S. 121f
[25] Vgl. J. Moltmann, Der Weg Jesus Christi, S. 132

Menschen hatte, denen die Sehnsucht nach einer verlässlichen Beziehung, nach Entlastung anzusehen war.

In anderen Geschichten brachten Freunde die Kranken zu Jesus und begleiteten sie, so wie wir einen Kranken zum Arzt begleiten, wenn er nicht mehr so gut zu Fuß ist, oder, wenn er Angst hat, vor dem, was auf sie zukommt. Die Frau bei Lukas war allein. Sie suchte Gottes Nähe. Deswegen war sie zum Gottesdienst gekommen. Sie suchte einen, der zu ihr steht. Sie suchte einen Menschen, der an sie glaubt.

„Ich glaube an dich!“, sagte der Trainer zu dem jungen Mädchen, das eine besondere Aufgabe in der Mannschaft übernehmen sollte. Und das hat gut getan! Wertschätzend, bestätigend, unvergesslich stärkend.

Es geht nicht darum, ob wir Gott an irgendeinem Ort außerhalb der Welt glauben, ausgestattet mit überirdischen Kräften. In dem Sinne von: „Ja, ich glaube, dass DU da irgendwo bist!“ Wenn ich Gott so denke, dann bleibt er weit weg von mir. Das Licht, das von ihm ausgeht, scheint kalt herüber als das Licht des Allmächtigen, von dem man mir als Kind erzählte, dass er alles weiß und alles sieht und dass er schimpft, wenn es donnert und blitzt.

Einen solchen Gott braucht kein Mensch! Ein kaltes Licht geht von ihm aus. Die Geschichte von der Frau aus dem Lukasevangelium erzählt uns, dass Gott ein warmes Licht zu uns herüberschickt. Die verkümmerte Frau richtete sich auf. So wie ein Mensch sich aufrichtet – fünf Zentimeter größer wird –, wenn nur einer an sie oder an ihn glaubt.

Worin also bestand die Heilung der verkrümmten Frau? „Als Jesus sie sah, rief er sie zu sich!“ Den ersten Schritt zur Heilung hatte die Frau selbst vollzogen, indem sie die Nähe Gottes gesucht hatte und zum Gottesdienst gegangen war. Was die Frau in der Geschichte erlebte, ist die Gewissheit, dass Gott sie anschaute, so wie sie war, so wie sie aussah. Jesus schaute sie an und rief sie so noch ein Stückchen weiter in die Nähe Gottes hinein. Er schenkte ihr Gottes Aufmerksamkeit.

Jesu Blick war nicht ein Blick des Mitleids. Sein Blick sagte nicht: „Ach, du Arme! Du tust mir so leid! Wir sammeln für dich ein bisschen Geld, dann kannst du dir ′was Schönes kaufen!“ Jesus überließ die Frau nicht weiterhin sich selbst, wie manche Mütter und Väter ihre Kinder mit einem gut ausgestatteten Portemonnaie sich selbst überlassen und meinen, ihnen etwas Gutes getan zu haben, wenn sie sich dafür im Mediamarkt wieder einmal einen neuen Wunsch erfüllen können.

Jesus redete mit der Frau. „Sei frei von deiner Schwäche!“, sagte er. Worin genau diese Schwäche besteht, verrät der Geschichtenerzähler uns nicht. Genauso wie er uns den Namen der Frau nicht verrät. Das macht die Geschichte zu einer Geschichte, die heute passiert – und wir sind dabei. Wir sind mittendrin. Verkümmert, verkrümmt, seelisch vernachlässigt, allein – wie die Frau aus der Geschichte des Lukasevangeliums.

„Was machst du in den Ferien?“, frage ich den 14-jährigen Jungen. Die Antwort? „Keine Ahnung“ – ein Wort, das mir in jedem Satz des Jugendlichen mindestens zweimal begegnet – „rumhängen, ein bisschen gammeln. Geplant habe ich da nichts. Zuerst am Wochenende den Ferienbeginn feiern!“ Ich sage nichts dazu, um den kleinen Draht der Kommunikation nicht ganz zu unterbrechen.

Ein „Hm, hm!“ kommt mir noch über die Lippen. Innerlich aber bin ich tief erschrocken über die Perspektivlosigkeit dieses Jungen angesichts der schönen freien Zeit der Herbstferien, die für mich voller Möglichkeiten steckt. Verkümmert verkrümmt in der Beziehungslosigkeit, in der er groß wird. Die Spiele und Geräte aus dem Mediamarkt in seinem Zimmer allerdings – die sind auf dem neuesten Stand.

Von meinen drei Nichten, die gerne das Wochenende bei uns verbringen, haben mein Mann und ich uns überreden lassen, am Samstagabend „Das Supertalent“ in RTL anzuschauen. Das sei cool, und das sehe jeder, haben sie uns versichert. Interessant war nicht die Sendung, sondern die Seitengespräche mit den Mädels darüber, wer wessen Vorbild ist, und was einen Menschen zum Vorbild macht. Die Szenen auf dem Bildschirm waren schrecklich, die Dialoge oberflächlich und primitiv! In einer Menge von Leuten unter und auf der Bühne gab es keinen einzigen Satz, von dem ich sagen könnte, dass er Menschen stärkt. Urteile, reduziert auf eine Stimme, auf ein Outfit, auf eine Körperhaltung – ohne einen Blick für die Seele! In einer Menge von Leuten jeder und jede für sich allein, weil da keinem einzigen Menschen an einer Beziehung zu einem anderen Menschen gelegen ist. Der funktionierende Mensch in absoluter Beziehungslosigkeit. Nach zehn Minuten haben wir das Fernsehgerät abgeschaltet und uns gegenseitig eine Geschichte vorgelesen. Ich habe nicht gehört, dass die Mädchen irgendetwas vermisst hätten!

Verkümmert, verkrümmt, seelisch vernachlässigt. Wir sind mittendrin! Die Geschichte von der Frau schickt uns auf den Weg. Ja, manchmal denke ich, Jesus möchte uns seinen scharfen Blick ausleihen für die Sehnsucht der Menschen nach Beziehungen, die tragfähig und verlässlich sind. Und für die Schwächen, mit denen wir sie verhindern. Jesus wandte sich mit allen seinen Sinnen der verkümmerten Frau zu. Zu den Worten kam die Berührung mit den Händen.

Die Zuwendung Jesu richtete die verkrümmte, verkümmerte Frau auf. Sie hörte und spürte, dass einer an sie glaubt. So wie sie war, so wie sie aussah.

Gott ist in Beziehung – oder er ist gar nicht. Wir brauchen Gott und Gott braucht uns. Gott ist angewiesen auf uns. Ohne die Menschen kann Gott nicht Gott sein. Er hätte kein Gegenüber, würde verkümmern wie Menschen, die niemanden haben, der an sie glaubt. Gott will nicht allein sein – so wie wir nicht allein sein wollen.

In seiner sich anschließenden Kurzpredigt ordnete Jesus die Frau dem Stammvater Abraham zu – dem also, dessen Name für die lebensbegleitende Freundschaft Gottes steht. Jesus bezeichnete die Frau als „Tochter Abrahams“. Das bedeutete: Sie ist Botschafterin der stärkenden Beziehung im Geben und Nehmen zwischen Gott und den Menschen.

Als Jesus seine Predigt über die Barmherzigkeit Gottes und die Botschafterinnenrolle jener Frau beendet hatte, schämten sich einige der Zuhörer. Warum? Einmal natürlich, weil sie einer Frau niemals den Platz einer „Tochter Abrahams“ zugestanden hätten. Hausfrau – ja! Aber Botschafterin der heilenden Nähe Gottes – das nicht! Andere schämten sich, weil sie Gott seine Freundschaft zu den Menschen nicht zugetraut hatten. Der strafende allmächtige Herrscher-Gott mit dem kalten Licht, den man gnädig stimmt, mit gesetzestreuem Verhalten war ihnen – bisher jedenfalls – näher gewesen.

Das Volk aber freute sich! Die ganz normalen Leute freuten sich mit der Frau. Sie freuten sich, weil sie merkten, dass sie alle würdig waren, Söhne und Töchter Abrahams zu heißen.

Und noch eine Heilungsgeschichte, die uns hilft, unser Leben zu deuten und es besser zu verstehen

Textbezug:
Markus 8,22-26

Durch das Auge öffnet sich uns die Welt. Mit den Augen nehmen wir wahr, was um uns herum geschieht. Mit den Augen nehmen wir die Licht- und die Schattenseiten des Lebens in uns auf. Sie erfüllen unser Herz mit Freude oder lassen es erstarren vor Schmerz.

Unsere Sprache ist reich an Bildern für das Zusammenspiel unserer Augen mit dem, was uns bewegt. Manchmal „sticht mir etwas ins Auge" – ein Ereignis fordert meine besondere Aufmerksamkeit heraus. Ich richte mein „Augenmerk" darauf. Das kann so bedrängend sein, das ich „die Augen davor verschließen" muss. „Wer ein Auge zudrückt", sieht über etwas hinweg, nimmt es nicht so genau, um einem anderen Menschen eine Last zu erleichtern oder ihn neben der Pflicht auch die Leichtigkeit des Daseins spüren zu lassen. Kinder leben davon, dass Eltern bereit sind, ab und zu „ein Auge zuzudrücken". Manchmal brauche ich das auch mir selbst gegenüber, um die inneren und äußeren Freiräume betreten zu können, die mir helfen, den Blick für das Wesentliche zu finden und gestärkt mit einer klaren Sicht in die Realität zurückzukehren.

Unsere Augen und unsere Seele tauschen einander aus, werfen sich Freude und Schmerz einander zu – wie spielende Kinder sich die Bälle zuwerfen. Die Augen spiegeln unsere Stimmungslage wider – sie schauen dunkel vor Trauer, sie sind mit Tränen gefüllt, sie glänzen vor Freude und strahlen vor Glück. In den Augen eines Menschen kann ich lesen wie in einem Buch. Sie geben einem Gesicht Offenheit oder sie verschließen es und damit den Menschen selbst.

Ein solch verschlossener Mensch wird der aus Betsaida gewesen sein. Zwischen ihm und seinen Mitmenschen war es dunkel geworden. Er sah sie nicht. Nur ein paar hatten sich nicht von ihm abgewendet, die Hoffnung nicht aufgegeben, dass er eines Tages doch wieder herausfinden könnte aus seiner Einsamkeit. Der Evangelist Markus erzählt uns nichts von der Geschichte dieses Menschen, der sich in die Dunkelheit hinein verkrochen hatte. Er gibt ihm auch keinen Namen. So trägt er jeden Namen, und jedes Gesicht passt zu ihm. Über die Zeiten hinweg steht er für alle, die irgendwann im Laufe ihres Lebens an einen Punkt gekommen sind, an dem sie die Hände vor die Augen legen und sagen: „Am liebsten möchte ich nichts mehr hören und nichts mehr sehen ..." So stelle ich mir den Blinden aus der alten Geschichte vor.

Ich kann ihn verstehen. Wenn ich mit sehendem Auge zuschauen muss, wie Menschen in meiner Nähe die Chancen ihres Lebens nicht nutzen, in den Tag hineinleben und keine Kraft haben, die Hände zu öffnen, um es zu ergreifen. „Nichts mehr hören und nichts mehr sehen ...", weil ich ja doch nichts ändern kann. Ich kann den Blinden aus der alten Geschichte verstehen. Manchmal wird mir die Not um mich herum zu groß, so dass ich sie nicht mehr in mich aufnehmen kann. Ich spüre meine Ohnmacht, wenn ich ändern möchte, was ich nicht ändern kann. Ob es dann hilft, die Augen zu verschließen? Der Mann aus Betsaida hat es zumindest auf diese Weise versucht und sich eingeschlossen in seine eigene Welt.

So wie sich Jugendliche, mit 13, 14 Jahren einschließen in ihre Welt, den klaren Blick bewusst verschwimmen lassen im Rausch des Alkohols oder der eine Lebensleichtigkeit versprechenden Droge. Eine Kinderkrankenschwester erzählte mir von zwei völlig betrunkenen Kindern, die abends um sieben beziehungsweise um zwei in der Nacht in die Klinik gebracht wurden. Hinter der Kulisse die Eltern, die nicht bereit waren, zu kommen mitten in der Nacht oder über ihre Tochter gelassen berichteten: „In der Regel trinkt sie Jägermeister." Vordergründig würden wir sagen, da sind Menschen „mit Blindheit geschlagen". Aber dahinter steckt mehr als Leichtsinn und Gleichgültigkeit. Da begegnen uns Kinder, denen die Geborgenheit eines Zuhauses fehlt. Sie tun cool und unberührt. Sie haken die Welt der Erwachsenen ab. Doch im Inneren können sie die Haltlosigkeit nicht aushalten, die ihnen das Leben zumutet, wenn die Eltern sich trennen, wenn die Mutter gestorben ist, wenn der Vater kein Interesse an ihnen zeigt.

Wir wissen nichts über das Alter des Blinden in Betsaida. Insofern steht er auch für die, die mit den heranwachsenden Kindern nicht zurechtkommen, denen die Geduld und die Kraft ausgegangen sind. Jeden Tag die gleichen Diskussionen, jeden Tag das gleiche Theater um die Schule, um die Hausaufgaben, um die Pflichten im Alltag, um Arbeit und Freizeit, ums Durchfeiern in den Nächten und dem Schlafen bei hellstem Sonnenschein. Ich kann verstehen, dass Müttern und Vätern die Puste ausgeht – vor allem dann, wenn einer von ihnen alleine dasteht mit dieser Aufgabe. „Nichts mehr hören und nichts mehr sehen ... und die Augen verschließen."

Ob jugendlich suchend oder erwachsen überfordert – so einen brachten sie zu Jesus – die paar vertrauten Freunde, die ihn herausholen wollten aus seiner Enge, aus seiner Dunkelheit. Es hatte sich herumgesprochen, dass in der Nähe Jesu Menschen die Augen geöffnet wurden, dass manche wieder auf die Beine kamen und den Boden unter den Füßen zurückgewannen, um den Anforderungen der Realität mit neuer Kraft standzuhalten. Wie das geht?

Manchmal reicht eine besondere Begegnung – eine, die uns spüren lässt: du bist nicht die Einzige, der es so geht im Sinne von: Geteiltes Leid ist halbes Leid. Manchmal braucht es auch einer neuen Standortbestimmung in meinem Denken und Handeln, die ich im Austausch mit einem anderen Menschen finden kann.

Dieser Austausch fand statt zwischen Jesus und dem Blinden aus Betsaida. Jesus nahm ihn zuerst einmal an die Seite, vor das Dorf, heraus aus der Umgebung, die ihm nur den Notausgang ließ, die Augen zu verschließen. Jesus nahm ihn in seinen Schutz. Das ist der erste Schritt zur Heilung. Aus dem Abstand heraus sehen wir mit anderen Augen. Aus der Distanz heraus ordnen sich schwierige Fragen und Lebenslagen neu, und Klarheit formt sich heraus. Ein Gang durch den Wald, eine Tasse Kaffee mit einem vertrauten Menschen, ein kurzer Anruf – manchmal ist es nicht mehr als das, um einen klaren Blick zu bekommen. So verstehe ich die Notiz, dass Jesus den Mann erst einmal an die Seite nahm.

Dann passierte etwas, was den Blinden tatsächlich in die Nähe eines Kindes rückte. Jesus tat Speichel auf seine Augen und legte seine Hände auf ihn. Das erinnert mich an die Mutter, die ein bisschen Spucke auf den juckenden Mückenstich streicht und pustet und damit heilt. Indem Jesus genau dieses tat, führte er den Mann in die Begegnung mit der Mütterlichkeit Gottes, die Vertrauen und Selbstvertrauen in die Seele eines Menschen legen will. Unter den Händen auf seinen Augen spürte der Blinde das. Und wenn Jesus dazu aufrief, ihm nachzufolgen, dann erwartet er von uns, dass wir manchmal einander an die Seite nehmen, einander stärken als Mütter und Väter, als Söhne und Töchter, als Lehrerinnen und Lehrer – als Menschen, denen die Not so oft „ins Auge sticht“. Wenn Gott handelt auf dieser Erde, dann handelt er durch die Worte, die wir einander sagen und durch die Zeichen, die wir aneinander tun.

„Siehst du etwas?“, fragte Jesus den Mann. „Ich sehe Menschen wie Bäume umhergehen.“ Er war noch weit davon entfernt, im Nebel der Sorgen klar zu sehen. Es brauchte seine Zeit, verlorenes Zutrauen wieder zurückzugewinnen.

Viele Schritte sind nötig, um das Familienleben neu zu ordnen, um mit den jugendlichen Kindern eine gemeinsame Sprache zu finden; einen gemeinsamen Blick für das, was wesentlich ist im Leben. Wo der Geduldsfaden gerissen ist, muss ein neuer geknüpft werden. Das braucht seine Zeit.

Zuerst sah der Blinde die Menschen wie Bäume umhergehen. Das ist noch ein besonderer Hinweis in der alten Geschichte. Auch die Bäume haben mütterliche Züge. Sie geben Schutz und Halt, vermitteln Festigkeit und Stärke. Sie sind im Kreislauf des Lebens eingebunden wie wir, erfahren Werden und Vergehen und dass aus einem alten ein neues Leben folgt. Weil all‘ dies die Aspekte sind, unter denen der Blinde neu sehen lernt und das Vertrauen in das Leben und in die Menschen neu lernen musste, sind es ausgerechnet Bäume, die er als Erstes schemenhaft umherwandeln sah.

Der Blinde wurde nicht auf einen Schlag sehend. Deswegen nahm Jesus einen zweiten Anlauf. Er legte noch einmal die Hände auf seine Augen. „Da sah er deutlich und wurde wieder zurechtgebracht.“ Der Mann kam wieder zurecht.

Mit dem Mann aus Betsaida zusammen sehe ich die Jungen und Mädchen, die sich zurechtfinden im Chaos ihres Lebens und neu Vertrauen schöpfen, weil da doch noch ein paar Menschen sind, die sie Stärke und Verlässlichkeit spüren lassen. Mit dem Mann aus der Nähe Jesu zusammen sehe ich die Mütter und Väter, die zu ihren Pflichten stehen, auch wenn manchmal ein bequemeres Leben lockt.

Am Ende schickte Jesus den Mann nach Hause, in den Kreis seiner Familie; da, wo er hingehörte und Vertrauen in sich selbst und in andere Menschen üben konnte – zehrend von dem Gottvertrauen, das ihm Jesus in der Begegnung draußen vor dem Dorf in seine Seele legte.

Wir leben von dem Vertrauen, nicht alles aus eigener Kraft richten zu müssen. Von dem Vertrauen, dass Gott in unserer Nähe ist und uns manchmal an die Seite nimmt durch Menschen, die seine Worte sagen und seine Zeichen tun.

Von dem Mann aus Betsaida heißt es am Ende: Er konnte alles scharf sehen – vielleicht mit einer solchen Lebenshaltung.

Schlussfolgerungen ...

... für das Labyrinth des Lebens

Textbezug:
Psalm 115,12

Die Botschaft(en) Jesu und sein Handeln (z.B.: Die Bergpredigt Mt 5-7 / die Wunder- und Heilungsgeschichten) bestimmen mein Bewusstsein und damit mein Sein und mein Handeln. Die Botschaften der Geburt, des Kreuzes, der Auferweckung und der Himmelfahrt bestimmen mein Bewusstsein und damit mein Sein als Christin oder als Christ. Die Botschaften sind Botschaften des Glaubens – aus Glauben (Vertrauen) heraus auf Glauben (Vertrauen = griech. πίστις) hin.

> ***Karl Marx***
> (* 5. Mai 1818 in Trier; † 14. März 1883 in London) sagt das Gegenteil:
> „Es ist nicht das Bewusstsein der Menschen, das ihr Sein, sondern umgekehrt ihr gesellschaftliches Sein, das ihr Bewusstsein bestimmt."
> K. Marx, Kritik der politischen Ökonomie, **M**arx**E**ngels**W**erke 13,9.

Schülerinnen und Schüler in der Oberstufe möchten im Religionsunterricht an erster Stelle herausfinden, ob es Gott wirklich gibt. An zweiter Stelle, aber genauso brennend wichtig, steht ihre Frage: „Spiele ich eine Rolle in Gottes Gedanken?" Lebensschicksale in den Familien lassen sie befürchten, Gott könnte sie vielleicht vergessen haben. Selbst im lebendigsten Klassenzimmer wird es mucksmäuschenstill, wenn das Gespräch darüber eröffnet ist.

Im Hintergrund steht der Wunsch, dass wenigstens einer an sie glaubt – vor allem dann, wenn zerbrochene Familienstrukturen das Selbstwertgefühl beschädigt haben. Unvergesslich ist mir der Satz eines etwa 10-jährigen Schülers, der zwischen Mama- und Papa-Wochenenden hin und her pendelte: „Ich verstehe die Erwachsenen einfach nicht!" Die Enttäuschung darüber, nicht wertvoll genug zu sein, um in den Mittelpunkt der Entscheidungen der ihm nächsten Menschen gestellt zu werden, war deutlich zu spüren.

Auf diese existenziellen Nöte heranwachsender junger Menschen muss der Religionsunterricht reagieren, auch dann, wenn er insbesondere in der Oberstufe Lehrplänen mit Klausuren und Prüfungsanforderungen untergeordnet ist. Die Erfahrungen der früheren Kindheit wirken nach, sind lebendig und münden nun ein in die Fragen nach dem Sinn dessen, was wir erleben und erleiden.

Vor allem die schmerzlichen Erfahrungen der früheren Kindheit fragen nun nach dem Grund unseres Daseins, suchen nach Antworten und Perspektiven mit dem, was jede Schülerin, jeder Schüler im Gepäck ihrer und seiner Seele hat. Neben der Trennung der Eltern nennen sie oft den Tod der Oma oder des Opas, die ihnen Halt und Geborgenheit gaben und nun nicht mehr da sind. Sicherheit ist verloren gegangen. Die Jugendlichen nennen die schwere Krankheit eines Familienmitglieds und ihren damit entstandenen Zweifel an der Existenz eines guten Gottes.

Manchmal geschieht genau das Gegenteil. „Suche nach einem dir besonders wichtigen Satz in den Büchern der Bibel!" So lautete die Aufgabe für die Schülerinnen und Schüler eines Kurses in der

11. Klasse des Beruflichen Gymnasiums, dessen Thema es war, biblische Schriften zu verstehen. Ein junges Mädchen brachte zu ihrem Satz aus der Bibel ihr Taufkleid mit in den Unterricht. Sie beschrieb damit ihre Dankbarkeit und die Dankbarkeit ihrer Eltern gegenüber Gott, dass sie und ihre Mutter ihre schwere Geburt überlebt haben. Der Vers aus der Bibel war der Taufspruch des jungen Mädchens, den sie als einen lebenslangen Wegbegleiter empfindet.

Die meisten Schülerinnen und Schüler hatten zur genannten Aufgabe ihre Tauf- oder ihre Konfirmationsurkunden herausgesucht. Wohlgemerkt – Schülerinnen und Schüler der Oberstufe, die über die Phase der Erinnerung an ein schönes Familienfest hinausgewachsen sind und nach dem Grund ihres Lebens fragen. Die Daten der Taufe und der Konfirmation empfanden sie als ein sichtbares, mit Händen zu greifendes Versprechen Gottes, in ihrer Nähe zu sein und zu bleiben im Labyrinth des Lebens.

„Ich möchte, dass einer an mich glaubt!“ Der Satz des Konfirmanden spiegelt ein Grundbedürfnis des Menschen wieder, der auf der Suche ist nach seiner Identität; der nicht nur gegenüber den für ihn verantwortlichen Menschen, sondern auch gegenüber Gott nach seinem Recht verlangt. Mir gefällt das sehr, weil es Gott und die Menschen zu Partnern macht. Ja, vielleicht sogar zu Freundinnen und Freunden!

Der Weg des Lebens führt uns ganz nahe zu unserem Ziel, aber dann haben wir wieder das Gefühl, immer weiter davon wegzukommen. Gott scheint zuweilen mit anderen Dingen mehr beschäftigt zu sein als – bitte schön – an uns zu denken.

Und dennoch: Ein Irrgarten ist das Leben nicht. Der Weg unseres Lebens führt uns auf jeden Fall zur Mitte hin! Davon bin ich mehr und mehr überzeugt. Das Leben ist zwar kein Sonntagsspaziergang oder anders gesagt: „Die Wege zu Gott gehen nicht nur durch die Zimmermitte!“[26] Die Reise mit dem Finger durch ein aufs Papier gezeichnetes Labyrinth bestätigt das. Die Lebensreise geht nicht direkt auf die Mitte zu. Es braucht Umwege bis zu dem guten Gefühl: „Ich bin angekommen!“ Den lieben Gott, den werde ich mit Nachdruck immer wieder daran erinnern, dass er an mich denkt!

Die Botschaften aller Feste unseres Kirchenjahres und damit die Botschaften des Weges, den Jesus Christus durch das Labyrinth des Lebens gegangen ist bis hin zum Tag der Himmelfahrt lauten: „Gott ist dein bester Freund, wenn du dein Kreuz zu tragen hast.“ Wenn er sich versteckt hat und zuweilen anders beschäftigt ist, dann muss ich ihn rufen! Ich weiß, er kommt zurück!

„Der Herr denkt an uns und segnet uns!“
Psalm 115,12

[26] Zitat aus dem Film „Simon Birch“

Literaturverzeichnis

Simon Birch
Film aus dem Jahr 1998
nach einem Roman des Schriftstellers John Irving

Gerhard Büttner, Hanna Roose, Friedrich Spaeth
Jesus Christus
Schülerheft
Stuttgart 2008

Evangelisches Gesangbuch
Ausgabe für die Evangelische Kirche
in Kurhessen-Waldeck
Kassel, 1994

Herman Grimm
Das Leben Michelangelos
Frankfurt/Main – Leipzig 1995

Wilfried Härle
Dogmatik
3. Aufl., Berlin 2007

Wilfried Härle
Doppelte Gefahr
Hängt der Auferstehungsglaube davon ab,
ob das Grab Jesu leer war?
Aufsatz in „Zeitzeichen 2007“, Seite 12–14

Gisela Kittel
Befreit aus dem Rachen des Todes
Tod und Todesüberwindung im
Alten und Neuen Testament
Göttingen 1999

Gisela Kittel
Der Name über alle Namen II
Biblische Theologie / NT
2., durchges. Aufl. – Göttingen 1996

„Komponisten und Liederdichter
des Evangelischen Gesangbuchs
Hrsg. von Wolfgang Herbst
Göttingen 1999

LD – Luther Deutsch
Die Werke Martin Luthers in neuer Auswahl für die Gegenwart
Hg. von Kurt Aland, Bd. 2, Der Reformator
2.Aufl., Göttingen 1981

LD – Luther Deutsch
Die Werke Martin Luthers in neuer Auswahl für die Gegenwart
Hg. von Kurt Aland, Bd. 3, Der neue Glaube
4. Aufl., Göttingen 1983

Margarete Mitscherlich
Die Radikalität des Alters
Einsichten einer Psychoanalytikerin
Frankfurt am Main 2010

Elisabeth Moltmann-Wendel
Der auf der Erde tanzt,
Spuren der Jesusgeschichte
Stuttgart 2010
2., durchges. Aufl. – Göttingen 1996

Elisabeth Moltmann-Wendel
Wach auf, meine Freundin,
Die Wiederkehr der Gottesfreundschaft
Stuttgart 2000

Jürgen Moltmann
Der gekreuzigte Gott
München, 1972 (3. Aufl. 1976)

Jürgen Moltmann
Der Weg Jesus Christi,
Christologie in messianischen Dimensionen
Gütersloh 1989, Seite 121+122

Charles Sala
Michelangelo
Paris 1995

Hans Scheibner
Wer nimmt Oma? – Hörbuch
Hamburg 2008

Dorothee Sölle
Stellvertretung
Ein Kapitel Theologie nach dem Tode Gottes
1.-8. Tausend, Stuttgart 1965 und 1982

Paul Tillich
Systematische Theologie I – III
Stuttgart 1979 / 1979 / 1978

Giorgio Vasari
Lebensläufe
5. Aufl. Zürich 1993

Michael Winterhoff
Tyrannen müssen nicht sein
Warum Erziehung allein nicht reicht – Auswege
Gütersloh 2009

Verwendetes und weiterführendes Bildmaterial

Fra Angelico
„Große Verkündigung“ (1450)
San Marco, Florenz

Fra Angelico
Jesus erscheint Magdalena
Fresko in San Marco, Florenz

Michelangelo Buonarroti „Pietà“ (1555)
Dommuseum in Florenz

Candace Carter
Der FRAUENALTAR
Eitempera auf Holz, 1991/92

Masaccio
Die Dreifaltigkeit,
um 1428 – Wandgemälde
Santa Maria Novella, Florenz

Schwester M. Sigmunda May OSF
Die gekrümmte Frau
Holzschnitt 1978

Anmerkung

Die einzelnen Kapitel dieser Arbeit sind das Ergebnis einer langjährigen Praxis auf der Kanzel, im Konfirmandenunterricht und im Religionsunterricht. So ist auch Literatur eingeflossen, ohne dass genaue Quellenangaben gemacht wurden.

Printed by Books on Demand GmbH, Norderstedt / Germany